JN440353

전호리
그곳에는

전호리 그곳에는

초판 1쇄 인쇄 2009. 12. 15.
초판 1쇄 발행 2009. 12. 25.

지은이 · 김영현
펴낸이 · 김순희
편집/디자인 · 김명자
펴낸곳 · 해피데이

주소 · 서울특별시 금천구 독산동 1000-7
전화 · 895-7731 팩스 · 892-7247
등록 · 제18-154호 2004. 1. 12.

총판(일부)
비전북
경기도 고양시 일산동구 장항동 568-17
전화 · 031)907-3927 팩스 · 031)905-3927

ISBN 978-89-91078-18-5 03890

전호리
그곳에는
김영현 시집
도서출판
해피데이

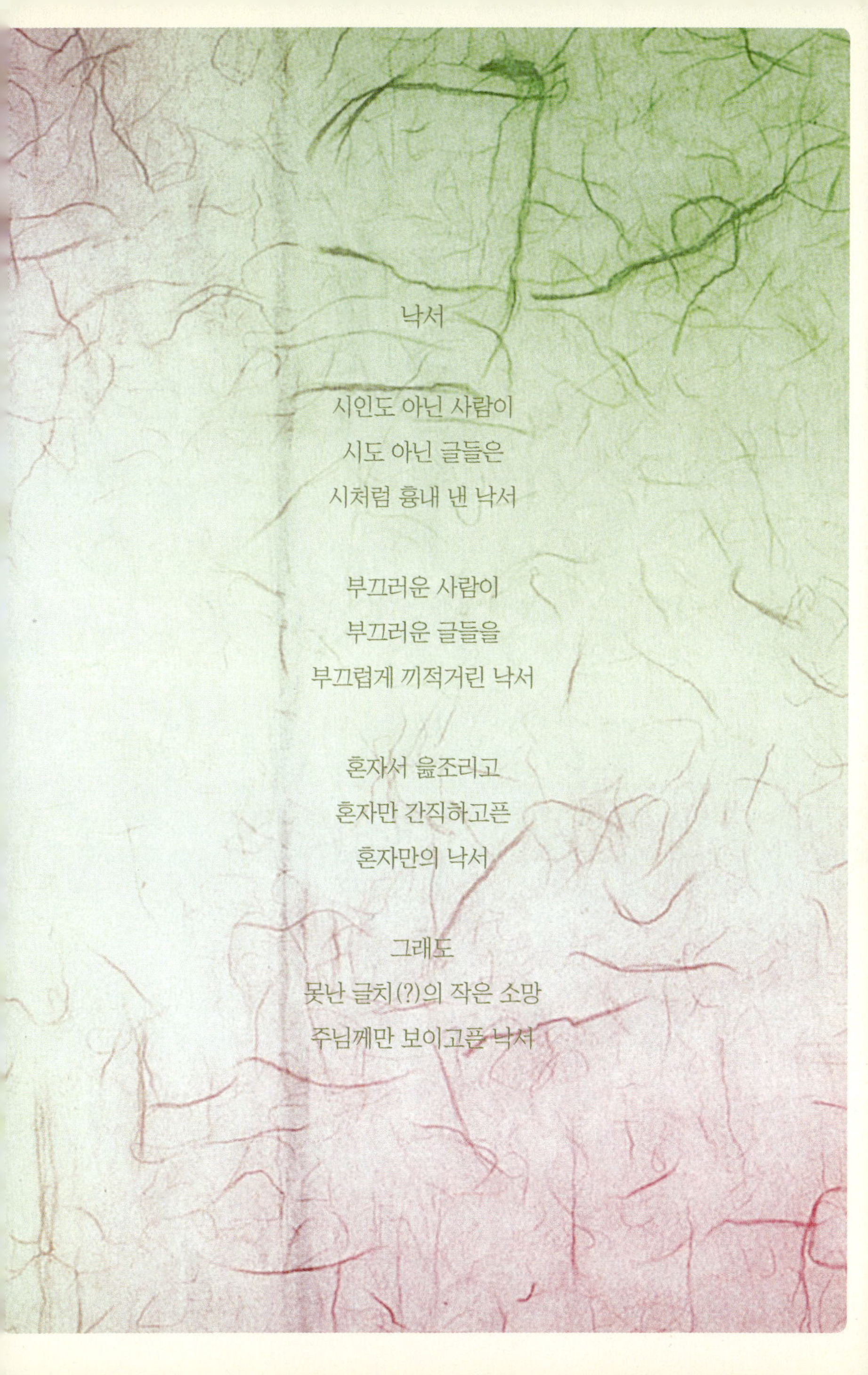

낙서

시인도 아닌 사람이
시도 아닌 글들은
시처럼 흉내 낸 낙서

부끄러운 사람이
부끄러운 글들을
부끄럽게 끼적거린 낙서

혼자서 읊조리고
혼자만 간직하고픈
혼자만의 낙서

그래도
못난 글치(?)의 작은 소망
주님께만 보이고픈 낙서

■ 차례 ■

나

감사

봄, 여름 그리고

기도

이국땅 그곳에는

가족

사람들

세상

나

오늘도 그대 안에 있으면서

보지도 듣지도 느끼지도 못하는

방황하는 인생 바람돌이

그대는 진정

내 영혼의 안식처

나

소 원

한 때 나는
장엄한 예배당에서
위엄 있는 모습으로 외치는
멋있는 설교자이고 싶었습니다.
그러나 지금은
한 영혼을 사랑하여
눈물로 외치는
거리의 전도자이고 싶습니다.

한 때 나는
풍성한 헌금으로
선교와 구제에 힘쓰는
덕망 있는 목사이고 싶었습니다.
그러나 지금은
한 영혼을 사랑하여
아버지의 마음으로 저들을 찾아가는
세상 속의 목사이고 싶습니다.

한 때 나는
수많은 성도들에게 둘러싸여
존경과 칭찬을 한 몸에 받는
좋은 목회자이고 싶었습니다.
그러나 지금은
한 영혼을 사랑하여
말없이 썩어지는
섬김의 종이고 싶습니다.

그 어느 날
내 끓는 피가 식어가고
뛰던 심장이 멈추는 날
"한 영혼 때문에 울고
한 영혼 때문에 거리를 헤매고
한 영혼 때문에 외치던
거리의 전도자 아무개
천국 입성하다."
그런 소리를 듣고 싶습니다.

내 마음 한 모퉁이

내 마음 한 모퉁이 자리잡은 어항에다
예쁘고 귀여운 시어 한 마리 키웠습니다
나의 콧노래에 수초사이를 헤엄치고
삶의 흥겨움에 꼬리치며 노닐더니
갈아주지 않은 탁한 물 속에서
어느 날 시어는 힘없이 죽어가고 있었습니다

내 마음 한 모퉁이 자리잡은 정원에다
아름답고 향기로운 화초 한 그루 키웠습니다
호미로 풀을 뽑고 가위로 전지하며
거름주어 꽃을 피웠더니
보살피지 않은 수풀 속에서
어느 날 화초는 추한 모습으로 서 있었습니다

내 마음 한 모퉁이 매달아놓은 새장에
앙증맞은 새 한 마리 키웠습니다.
모이 주며 눈인사하고

드나들며 함께 노래했더니
관심주지 않은 세월 속에서
언제 날아가 버렸는지 새장은 비어있었습니다

무엇에 그리 바빴을까?
무엇에 그리 관심 기울였을까?
어릴 적 키웠던 꿈들은 다 어디로 갔을까?
덧없이 흘러간 세월 속에
내 마음 살펴볼 겨를도 없이
내 삶의 행복도 가꿀 줄 몰랐던 무지한 인생

아아!
인생 오십 장년의 문턱에서
나는 이제서야 나를 돌아봅니다
거기 대머리 벗겨지고
도수 높은 안경을 낀
볼품없는 배불뚝이 아저씨가 거울 앞에 서 있었습니다

바람

나
그대의 모습이 보고싶소
눈앞을 스치고 지나가도
볼 수 없는 그대 모습
그대는
내 그리움의 잔형인가

나
그대의 목소리 듣고싶소
귀에 대고 속삭여도
들을 수 없는 그대 음성
그대는
내 젊음의 환청인가

나
그대의 숨결을 느끼고싶소
다가와 안겨도

느낄 수 없는 그대 영혼
그대는
내 사랑의 신기루인가

나
오늘도 그대 안에 있으면서
보지도 듣지도 느끼지도 못하는
방황하는 인생 바람돌이
그대는 진정
내 영혼의 안식처

가슴 답답한 날

시를 한 수도 쓸 수 없는 날은 가슴이 답답하다
끼적거리는 낙서라도 할 수 없는 날은
온통 사방이 어두움뿐이다
가슴속 삶의 찌꺼기들을 토해놓고
위로부터 오는 시원한 영감을 받고 싶은데
짓눌린 영혼은 글 한자도 쓸 수 없이
상처투성이인 채로 그렇게 길게 쓰러졌다

바보상자 속에서 들려주는
세상 시시껍절한 소문에
시도 때도 없이 울려대는 전화벨 소리에
먹는 음식 마시는 물 걱정하느라
만나서 먹고 씻고 평론하느라
일확천금 복권 당첨 상상하느라
잃어버린 삶의 진정한 보석들

무엇이 그리 바빴는지

뒤돌아보면 해놓은 일도 없는데
생각을 빼앗아 가버리고
반성도 돌아봄도 잊은 채
수많은 존재들의 달음질 속에 휩쓸려
정신없이 살아온 나날들
날마다 생을 잘라내는 시계의 초침소리에
가슴은 더욱 초조하기만 하다

아아!
시를 잃어버린 사람아
생각을 잃어버린 사람아
언제까지 그렇게 쓰러진 채로 있을 셈이냐
일어나라 생각하라 달려가라
오늘도 그대를 위한 시어들이
온 세상에 가득 펼쳐져 있으려니

아무것도 아닌 것을

나이 들어보면
어릴 제 갖고 놀던 것들이
아무것도 아닌 것을
그래도 그땐
얼마나 귀중하게 보였는지

지나놓고 보면
살아온 날들이
아무것도 아닌 것을
왜 그리 너그럽지 못하고
아등바등 살아왔는지

하늘에서 보면
땅에 있는 것들이
아무것도 아닌 것을
땅위에서 나는
오늘도 헐떡이며 살아간다.

천국 가서 보면
이 세상의 모든 것들이
아무것도 아닌 것을
그래도 포기하지 못하는
어리석은 나여!

후회

때로는
해서는 안될 말들을 쏟아놓고
후회할 때가 많습니다.
입을 지키지 못했기 때문입니다.

때로는
보아서는 안될 것들을 보고 나서
후회할 때가 많습니다.
눈을 지키지 못했기 때문입니다.

때로는
해서는 안될 일들을 하고 나서
후회할 때가 많습니다.
손을 지키지 못했기 때문입니다.

때로는
가서는 안될 곳을 갔다와서
후회할 때가 많습니다.

발을 지키지 못했기 때문입니다.

때로는
품어서는 안될 생각을 하고 나서
후회할 때가 많습니다.
마음을 지키지 못했기 때문입니다.

주님께는
그 입과 눈과 손과 발에
영혼을 사랑하는 불타는
마음까지 있었는데

아아!
오늘도 나를 지키지 못했음에
안타까워합니다.
주님을 닮지 못했음에
나를 치며 삽니다.

외식

겸손한 마음도 없으면서
때로는
사람들 앞에서
한없이 겸손한 척 했습니다

가슴에 사랑도 없으면서
때로는
성도들을
무한히 사랑하는 척 했습니다

말씀의 깊이도 없으면서
때로는
나만이 깨달은 양
한없이 깊이 있는 척 했습니다

기도도 하지 않으면서
때로는
동역자들 앞에서

무진장 기도하는 목사인 척 했습니다
청렴결백하지도 않으면서
때로는
나만큼 깨끗한 사람도 없는 양
부정한 사람들을 질타했습니다

거룩하지도 않으면서
때로는
세상에 성자가 바로 나인 양
폼을 잡기도 했습니다

아아!
세상의 정욕 속에
질척거리며 걸어온
지난날의 삶은
바로 외식이었습니다
진실은 없고 가식뿐이었습니다
알맹이는 없고 껍데기뿐이었습니다

무늬만 예수쟁이

어쩌면 당신은
종교의 너울을 둘러쓰고
외식과 형식에 얽매여
본질을 잃어버린
무늬만 예수쟁이 아닌가요?

어쩌면 당신은
허울뿐인 사랑을 외치며
말라빠진 교리에 집착하여
참된 마음을 잃어버린
무늬만 예수쟁이 아닌가요?

어쩌면 당신은
문제도 아닌 문제는 중요시하며
정말 중요한 문제는 소홀히 하여
기초도 없고 기본도 없는
무늬만 예수쟁이 아닌가요?

어쩌면 당신은
가장 주님을 사랑하는 듯 하면서
때에 따라서는
거짓 입맞춤 한 번으로 예수님을 팔아 넘기는
무늬만 예수쟁이 아닌가요?

어쩌면 당신은
십자가 앞에 자랑스럽게 서서
아름답고 고상한 언어로
자신의 치부를 감추고 변명만 늘어놓는
무늬만 예수쟁이 아닌가요?

오늘 나는
내 속에 있는 또 다른 나에게 물어본다.
"너, 인간아!
알맹이는 없고 껍데기만 남은
무늬만 예수쟁이 아니냐?"

나는 뭔가?

베풀면서 살자고 다짐했다.
한없이 사랑하며
너그럽게 용서하며 살아야지.
짧은 인생 여유 없이
아옹다옹하지 말고
바다와 같이 넓은
예수님의 마음으로 살아야지.
그런데 갑자기
신호도 없이 끼여드는 승용차를 보며
"이 씨..."
다짐했던 마음 간 곳 없이
눈 흘기는 나는 뭔가?

버리며 살자고 다짐했다.
더러 좋은 것들
이웃에게 나눠주고
소박하고 간편하게 살아야지.
죽어서 버리기 전에

살아서 버리고 정리해야지.
그런데 지나가는 아파트 정문 옆에
쓸만한 물건 챙겨들고
"요즘 사람들 아까운 줄을 몰라."
집안으로 끌고 들어오는 나는 뭔가?

멀리 보며 살자고 다짐했다.
십년후를 생각해서 공부를 하고
노후를 대비해서 연금을 들고
죽을 때를 생각해서 덕행을 쌓으리라.
그런데 오늘
한가한 시간이 있어
콧구멍 후비며 배 깔고 드러누워
"레프트 훅 라이트 훅"
권투중계 보다말고
열을 내는 나는 또 뭔가?

나는 다시 빈들로 가야겠다.

나는 다시 빈들로 가야겠다.
주님의 이름으로 배불리고
주님의 이름으로 명성을 날리며
주님의 이름으로 너무 많은 것들을 챙기는 나
메뚜기와 석청으로 허기를 면하며
거친 낙타 털옷을 걸치고도
불같은 외침으로 주의 길을 예비하던 그 빈들로
나는 이제 세례요한을 만나러 길을 떠나야겠다.

나는 다시 빈들로 가야겠다.
이 도시의 소음은 너무 심하고
저 군중들의 아우성은 하늘의 소리를 막았다.
쏟아지는 정보들의 허접스런 찌꺼기를 뒤적이며
배부른 나는 오늘도 돌아누우며 안일을 탐한다.
아브라함을 생각하사 롯을 구원해주셨던 그곳
에덴 같은 요단평야도 쾌락의 성 고모라도 뒤로하고
나는 이제 거친 헤브론 골짜기로 길을 떠나야겠다.

나는 다시 빈들로 가야겠다.
먹을 것이 너무 많아 시간이 없고
누릴 것이 너무 많아 여유가 없고
좋은 것이 너무 많아 아쉬움이 없는 나
그래서 세미한 주님의 음성을 듣지 못하는구나.
그 음성 듣고파서 호렙으로 향하던 엘리야처럼
가다가 지쳐 쓰러지면 주님 품에 안기리라 다짐하며
나는 이제 여호와의 산을 향해 길을 떠나야겠다.

아아! 나는 다시 빈들로 가야겠다.
그동안 내가 좋아라 챙기며 쌓아두었던 것들
사도 바울이 버린 세상의 배설물들을 다 내려놓고
오직 십자가만 자랑하고
오직 예수께만 미쳐
잃어버린 영혼들의 신음을 찾아
주님이 가셨던 그 길로 가리라
거친 바람 불어오는 광야로 나는 이제 길을 떠나야겠다.

어느 투성이의 노래

지나온 삶의 자락에 남겨진
죄투성이인 내 모습
닦고 씻고 지우려해도 부끄러운 흔적들
때로는 감추고 싶은 인생의 낙서들을
나는 그렇게 숨기고 살아왔습니다

돌아보면 언제나
허물투성이인 내 모습
신중하지 못한 말과 경거망동 때문에
부끄럽고 면목없는 생의 파편들을
나는 그렇게 끌어안고 살아왔습니다

들여다보면 그곳은
상처투성이인 내 모습
연약한 자아 때문에
쉽게 파괴되고 허물어지는 속 좁은 생활을
나는 그렇게 살고 있었습니다

어느 날
죄투성이인 나를 찾아오신 주님이
내 모습 그대로 품에 안아주셨습니다
십자가에서 흘리신 보혈이
나를 씻어주셨습니다

어느 날
허물투성이인 나를 찾아오신 주님이
내 모습 그대로 받아주셨습니다
실수해도 괜찮다고
나를 일으켜주셨습니다

어느 날
상처투성이인 나를 찾아오신 주님이
내 모습 그대로 어루만져주셨습니다
바다와 같이 넓은 마음 가지고 살라하시며
나를 위로해주셨습니다

오늘도
나는 못난 '투성이'로 살지만
그럼에도 불구하고
주님의 사랑은
언제나 변함이 없음을 믿습니다

세월의 흔적

내가 만들어 놓은 것들을 보며
그때는
대단한 것이라고 좋아했지만
세월이 지나고 보니
한낱 쓰레기에
불과했다

내가 심혈을 기울여 써놓은 글들을 보며
그때는
굉장한 작품이라고 기뻐했지만
시간이 흐르고 나니
한낱 휴지조각에
불과했다

내가 사랑했던 수많은 사람들을 보며
그때는
사랑은 이런 것이라고 생각했지만
사람들이 떠나간 후에 보니

한낱 자아도취에
불과했다

아아!
하나님의 아름다운 창조물 위에
보기 싫은 덧칠이나 해대면서
나는 오늘도
무얼 그리
남기려고 애를 쓰는가

넋두리

감미롭고 유창한 설교를
불같이 뿜어 댄다고 해서
내 인격이 설교처럼 그렇게
고매해 진 것은 아니었습니다
"우리 목사님 설교는 정말 은혜스러워!"
그런 소리 듣는다고
내 삶이 천사처럼
바뀐 것은 정말 아니었습니다.

옥구슬같은 단어로
아름다운 글들을 썼다고 해서
내 인격이 그 한 편의 시처럼
청아하고 고귀해 진 것은 아니었습니다
"우리 목사님 쓰신 시는 정말 멋있어!"
그런 소리 듣는다고
내 성품이 예수님처럼
바뀐 것은 정말 아니었습니다.

변화되지 못한 나 자신은 볼 줄 모르면서
바뀌지지 않는 성도들 탓만 하는 나
아아!
전하는 설교처럼 내 삶이 바뀌고
멋있게 써 내려간 한 편의 시처럼
그렇게 나의 인격이 바뀐다면 얼마나 좋겠습니까
그래서 나는 오늘도 설교하기가 두렵습니다
그래서 나는 오늘도 시 한 편 쓰기가 겁이 납니다.

그래도 오늘
나는 또 강단에 섭니다
그래도 오늘
나는 또 되지도 않는 시를
끼적거리며 낙서를 합니다
부끄러운 내 마음의 고백을
이렇게 옮겨 놓습니다
주님의 십자가 앞에서...

사람들은 나더러

사람들은 나더러
이제 그만 넓은 데로
나오라고 합니다.
나도 나를 생각하기를
나는 넓은 데서 목회할 사람이라 했습니다.

사람들은 나더러
시골에서 썩을 네가
아니라고 합니다.
나도 나를 생각하기를
나는 시골에서 썩을 목사 아니라 했습니다.

사람들은 나더러
그 어려운 곳에서 예배당 건축했다고
칭찬을 합니다.
나도 나를 생각하기를
나는 정말 대단한 일을 했다 했습니다.

사람들은 나를 보고
과찬을 합니다.
나도 나를 은근히
과시했습니다.
그런 나를 주님은 우습다고 했습니다.

주님 앞에 넓은 데는 어디며
주님 앞에 썩을 곳은 어디며
주님 앞에 대단한 일은 무엇입니까?
주님이 나를 보고 칭찬하심이 아니면
사람들의 말은 거저 지나가는 바람소리일 뿐입니다.

나 어떡해요

어느 날 주님이
도적같이 찾아오시는 날
질펀하게 세상 잠에 취하여
잠꼬대나 하고 있을 나를 보시면
주님!
그때 나 어떡해요?

어느 날 주님이
우리 집에 찾아오시는 날
미처 못 알아봐 마굿간에 모셔놓고
식구들끼리 둘러앉아
삼겹살이나 구워먹는 나를 보시면
주님!
그때 나 어떡해요?

어느 날 주님이
우리 동네 지나가시는 날
먹고사느라고 정신없이 헤매며

호주머니 돈이나 챙기는 나를 보시면
주님!
그때 나 어떡하지요?

어느 날 주님이
나 데리러 세상에 다시 오시는 날
등불도 세마포도 준비하지 못하여
이 방 저 방 뛰어다닐 나를 보시면
주님!
그땐 정말 나 어떡하지요?

속물

내 마음 속에는
아직도 물욕이 입을 벌리고
혀를 낼름거리고 있습니다.
은혜 받았다며 쥐어주는 봉투 앞에
예전엔 손사래를 치며 사양도 했건만
돌아오는 차안에서 두께를 만져보며
얼마일까 궁금해 하는
아! 나는 속물

내 마음 한구석 은밀한 곳에는
아직도 음욕이 눈꼬리를 치뜨고
거리를 배회하고 있습니다.
짧은 치마 밑으로 드러난
여인의 희멀건 다리를 좇아가는 시선
그러다 화들짝 놀라 눈길을 거두며
못 본 척 시침을 떼는
아! 나는 속물

내 마음속 한 모퉁이에는
명예와 권세욕이 날개를 펴고
먼지를 날리며 푸득거리고 있습니다.
시켜주면 열심히 봉사하겠다며
머리를 주억이며 겸손한척 하지만
나 아니면 세상 일이 안돌아가는 듯
이곳저곳 기웃거리며 자리를 탐하는
아! 나는 속물

그토록 닮고 싶어 하는
주님의 형상은 간 곳 없고
사도 바울이 배설물처럼 버렸던 것들
예수 이름 팔아가며 취한 탐욕의 찌꺼기를
구석구석 마음속에 숨겨두고
모든 것이 주님의 은혜라며
히죽거리며 좋아하는
아! 나는 속물

어느 철없는 종의 기도

하나님!
나를 좀 많이 아프게 해주세요
건강할 때
건강이 귀한 줄 모르고
못된 망아지처럼 천방지축 까불었던
철없는 저를 때려주세요
그래서
육신의 질고를 통해
교만한 목을 꺾어 겸손하게 해주시고
건강할 때
맡긴 사명 잘 감당케 해주세요

하나님!
나를 좀 많이 가난하게 해주세요
물질 있을 때
물질이 귀한 줄 모르고
엄벙덤벙 내 멋대로 허비했던
철없는 저를 야단쳐주세요

그래서
궁핍함으로 하나님만 의지하며
나보다 더 가난한 이웃들과 나눌 줄 알고
물질 있을 때
한푼이라도 귀하게 사용하게 해주세요

하나님!
나를 좀 많이 혼내주세요
시간 있을 때
시간이 귀한 줄 모르고
희희낙락 허송세월만 보냈던
철없는 저를 벌주세요
그래서
바쁘게 살아가는 성도들을 생각하며
열심히 하나님의 뜻에 순종하여
시간 있을 때
더욱 더 경건생활에 힘쓰게 해주세요

예전엔 미처 몰랐습니다

설교만 잘하면 되는 줄로 알았습니다.
그러나 삶이 없는 설교는
성도들의 귀만 키우는 줄을
예전엔 미처 몰랐습니다.

기도만 잘하면 되는 줄로 알았습니다.
그러나 회개 없는 기도는
교만한 바리새인을 만들어 내는 줄을
예전엔 미처 몰랐습니다.

심방만 잘하면 되는 줄로 알았습니다.
그러나 아버지의 마음이 없는 심방은
성도들의 가려운 곳만 긁어주는 줄을
예전엔 미처 몰랐습니다.

길목만 좋으면 부흥하는 줄로 알았습니다.
그러나 한 영혼을 찾아가는 사랑이 없는 부흥은
남의 호주머니만 노리는 도적과 같은 줄을

예전엔 미처 몰랐습니다.

삶이 없는 설교를 유창하게 했습니다.
회개 없는 기도를 날마다 중언부언했습니다.
아버지 마음이 없는 심방을 열심히 했습니다.
한 영혼이 귀한 줄을 모르는 성장을
얼마나 원했는지 모릅니다.

아아!
설교보다 더 귀한 건 내가 부서지는 삶이었습니다.
기도보다 더 귀한 건 내가 깨어지는 눈물이었습니다.
심방보다 더 귀한 건 내가 아버지 마음을 품는 것이었습니다.
부흥보다 더 귀한 건 내가 한 영혼을 찾아가는
주님의 발걸음이었습니다.

어떤 정성

뙤약볕 아래
허리도 못 펴고 일해서 받은 돈
꼬깃꼬깃 접어서 쥐어준 만원
"목사님, 맛있는 거 사 잡수세요!"
피 같은 정성을 내가 쓸 수 없어서
일본 선교사 다녀가는 길에
그 분 이름으로 드렸다

간이 맞는지
맛은 있는지
그렇게 염려하며 들고 온 김치
"시원한 열무김치
고추장 넣고 밥 비벼 드세요!"
주님이 잡수셔야할 정성을
오늘 내가 혼자 먹었다

미역이며 쇠고기랑 갖가지 생선회
철 이른 딸기하며 생크림 케이크

담임목사 생일이라고
없는 돈 회비 모아
하지 말래도 말 안 듣고 사 온 음식들
어쩌자고 나는 오늘도
이렇게 호강만 하는가

땅끝(土末)에서도 배타고
더 간 선산(先山)에
천국가신 시어머니 고이 묻어드리고
"모든 것이 하나님의 은혜요
목사님 덕택에 잘 되었지라!"
한 일도 없는 목사한테 선물로 사준 양복
너무 비싼 옷이라 입어도 죄스럽다

아아!
오늘도 나는
주님이 받으실 것을 가로채면서
성도들의 정성을 나 혼자 다 먹는다

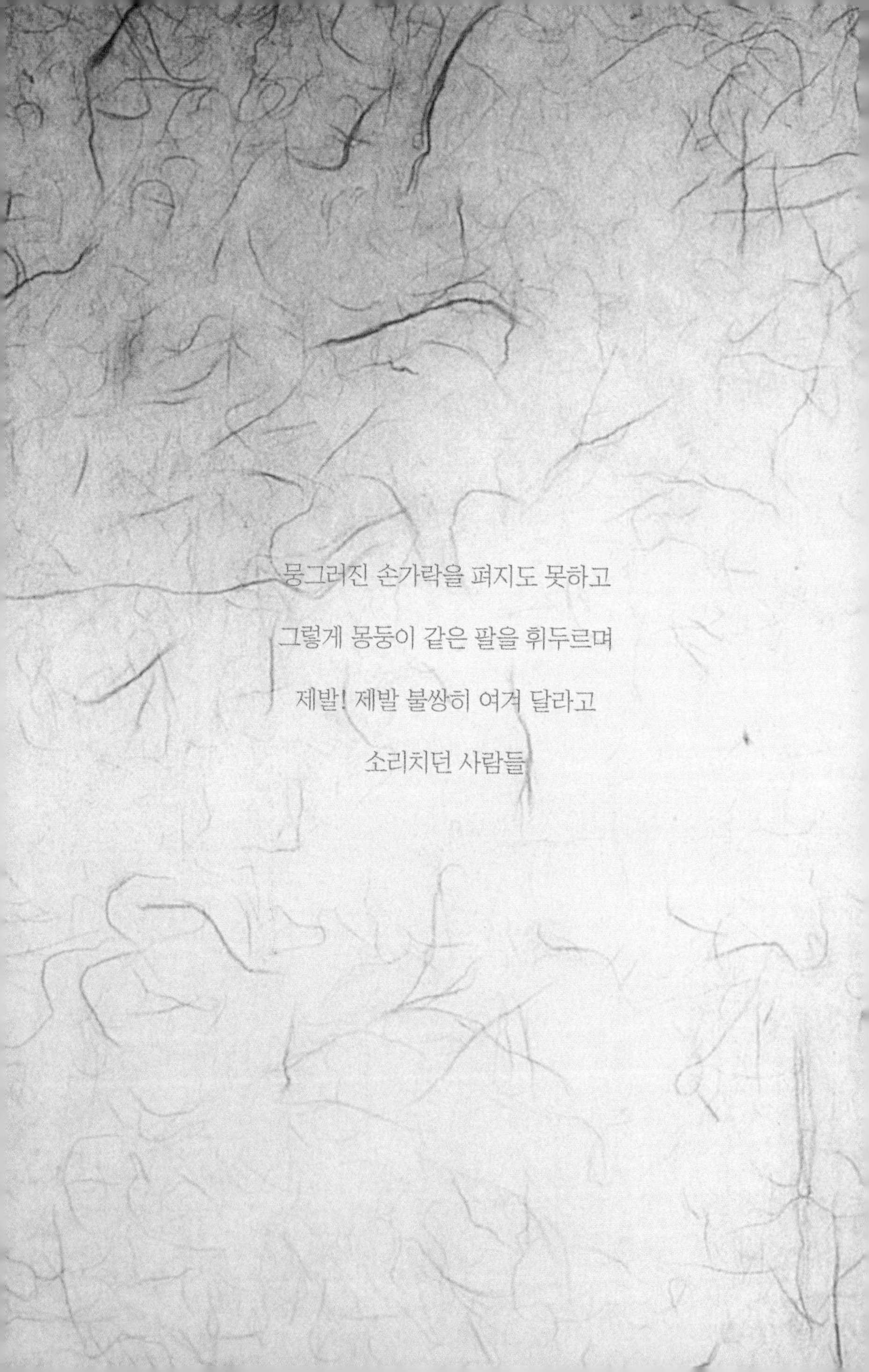

뭉그러진 손가락을 펴지도 못하고

그렇게 몽둥이 같은 팔을 휘두르며

제발! 제발 불쌍히 여겨 달라고

소리치던 사람들

감사

감사

하얀 갈대꽃 손짓하는
숲 속 사잇길
인적 드문 그곳으로
우리 주님 제자들과 길 가시다

일그러진 형상으로 달려오던 그들
차마 가까이
더 가까이는 오지 못해
멀리 서서 부르짖던 무리들

뭉그러진 손가락을 펴지도 못하고
그렇게 몽둥이 같은 팔을 휘두르며
제발! 제발 불쌍히 여겨 달라고
소리치던 사람들

우리 주님
피눈물 섞인 울부짖음에
걸음 멈추시고

"가서 너희 몸을 제사장에게 보여라"
한 말씀만 하시다

아아!
꿈같은 기적 여기서 일어날 줄이야
열 명의 무리 중에
사마리아 사람 하나만 은혜를 깨달았네

저만치 걸어가시는 주님 향해
되돌아온 한 영혼
주님의 은혜가 너무 커서
엎드려 눈물짓다

그 무엇을 드려도 이 은혜 갚을 길 없지만
빈손인 채로 주님 앞에 엎드려
이 몸 받아 달라고
뜨거운 눈물 하염없이 흘리다

아버지의 뜻이라면

궂은 날
긴 장마 속에서
질척거리는 삶의 짜증을
그냥 견디라 하시면
가냘픈 등줄기에
쏟아지는 빗물을 다 맞으리이다

작열하는 태양
삼복 더위 속에서
줄줄 흘러내리는 고뇌의 땀방울을
그냥 참아라 하시면
검게 탄 얼굴에
내리쪼이는 햇살을 다 받으리이다

휘몰아치는 바람
태풍이 지나간 자리
두렵도록 흘러가는 시련의 황톳물을
그냥 받아라 하시면

외로운 가슴에
흙빛 젖도록 다 받으리이다

풀벌레 우는 소리
밝은 달 서쪽으로 기울면
소리 없이 사라져 가는 유성들처럼
그렇게 살다 오라 하시면
나 짧은 인생 훌훌 털고 일어나
하늘 아버지 품으로 가리이다

그대 눈물을 잊었는가?

그대
지난날 십자가 밑에서
밤새워 회개하며 오열하던 그때를 잊었는가
수없이 많은 죄들을 가슴 아파하면서
주님의 보혈에 영혼을 담구던
그때의 눈물을 잊었는가

그대
지난날 주님의 사랑에 감격하여
굵은 눈물 흘리던 그때를 잊었는가
세밀한 보살핌으로 때를 따라 도우시던
주님의 은혜에 감격하여
뜨거운 눈물 흘리던 그때를 잊었는가

그대
이제는 주를 위해 살겠노라며
입술을 깨물며 흘리던 충성의 눈물을 잊었는가
세상 좇아 실패했던 지난 날 청산하고

오직 주만 위해 살겠다던
그때의 결심을 잊었는가

아아!
세월이 가고 시간이 지나
눈물도 감격도 사라졌네
마음속 깊은 곳에 예수는 없고
껍데기뿐인 냉랭한 나의 마음이여
종교생활에만 익숙해진 부끄러운 나의 모습이여

메마른 심령에 생수가 흘러
찢어진 삶의 상흔들을 감싸안고
열린 하늘 아래서 기뻐하며
가난한 영혼들이 한데 얼려 춤추는 그날,
내 가슴 열어 재치고 목이 터져라 외치며
눈물로 제단을 적실 그날은 언제 다시 오려는가

하나님, 감사합니다

누구 한사람 알아주는 이 없어도
언제나 하루 한 번씩
아무도 없는 빈 예배당 들러
기도하고 돌아가는 성도로 인하여
하나님, 감사합니다!

추운 겨울 힘든 작업장
잔업까지 하느라 고생해도
예배당 나서는 그이에게 "힘들지요?" 물어보면
언제나 괜찮다며 씽긋 웃는 성도로 인하여
하나님, 감사합니다!

물먹은 솜처럼 피곤한 몸
직장에서 돌아오는 밤늦은 시간
불꺼진 예배당 불 밝혀 놓고
홀로 찬송하며 기도하는 성도로 인하여
하나님, 감사합니다!

콧물 흘리며 뛰어 놀다
쪼르르 달려와 꾸뻑 절하며
"목사님, 언제 교회 가는 날이에요?"
철없는 개구쟁이의 맑은 눈빛으로 인하여
하나님, 감사합니다!

칼바람 부는 깡추위가 엄습하는 새벽
아무도 안 나왔으려니 생각했지만
성치 않은 몸으로도 언제나 새벽제단을 지키는
성도의 눈물어린 기도소리로 인하여
하나님, 감사합니다!

가쁜 숨 몰아쉬며
몇 번이고 쉬었다 오르는 교회 계단
"목사님, 건강하셨어요?"
못난 목사 건강 먼저 생각하는 성도로 인하여
하나님, 감사합니다!

어린아이 마냥
혼자서는 어쩔 수 없는 인생의 황혼에
아들 손자 등에 업혀 예배당 나오시는 성도
멀리서 눈빛으로 인사하는 그이로 인해
하나님, 감사합니다!

작은 예배당에
적은 성도로도
언제나 가슴 가득 기쁨을 주시는
나의 하나님
정말 감사합니다!

하나님의 은혜

때로는 바쁨이 축복이었네.
너무 바빠 세상 곁눈질 할 겨를이 없었고
또 유유자적 허송세월할 시간도 없었네.
하나님만 소망하며 살아온 것이
내게는 축복이요
그것이 은혜였어라.

때로는 가난이 축복이었네.
가진 것이 없으므로 거만을 떨지 못했고
또 허랑방탕 낭비할 것도 없었네.
하나님만 바라보며 살아온 것이
내게는 축복이요
그것이 은혜였어라.

때로는 아픔이 축복이었네.
건강하지 못하므로 겸손할 수밖에 없었고
또 남의 아픔을 조금이라도 위로할 수 있었네.
하나님만 의지하며 살아온 것이

내게는 축복이요
그것이 은혜였어라.

오늘
시간이 너무 많아 어디서 무엇을 해야 할지
가진 것이 너무 많아 어디서 어떻게 써야 할지
너무나 건강해서 넘치는 정력을 주체 못하는 사람들
그것이 우리에겐 행복 같은 불행이요
그것이 이 시대의 성공 같은 실패여라.

때로는

때로는
아침 햇살에 반짝이는
작은 이슬방울 하나로도
내겐 기쁨이었습니다
그곳엔 새 아침을 허락하신
하나님의 은총이 숨어있기 때문입니다

때로는
살며시 스치는 바람결에
나풀거리며 떨어지는 낙엽 하나로도
내겐 행복이었습니다
그곳엔 내일을 약속하신
하나님의 소망이 숨어있기 때문입니다

때로는
수많은 차량의 행렬 너머
서쪽 하늘 곱게 물들이는 노을 하나로도
내겐 평안이었습니다

그곳엔 하루의 일과 뒤에 찾아오는
하나님의 안식이 숨어있기 때문입니다

때로는
저 밤하늘에 반짝이는 별빛 사이로
순식간에 사라지는 유성 하나로도
내겐 희열이었습니다
그곳엔 영원한 세계를 향하여 떠나는
하나님의 나라가 숨어있기 때문입니다

때로는
사람들이 지나쳐 버리기 쉬운
아주 작은 것 하나로도
내겐 감격이었습니다
그곳엔 언제나 나를 향한
하나님의 뜨거운 사랑이 숨어있기 때문입니다

울고 싶은 어느날

나같이 못난 죄인 살리시려
마지막 헐떡이는 숨 몰아쉬며
"내가 너를 위해 죽었단다!"
그 음성 듣고 난 뒤
오열하며 밤새웠던
그때가 있었습니다

한없이 깊은 나락으로
그렇게 빠져들었던 신앙의 침체기
"나 너를 오래토록 기다렸었단다!"
그 음성 듣고 난 뒤
가슴을 두드리며 통곡하던
그때가 있었습니다

방황의 긴 세월을 돌고 돌아
그렇게 빤질거리며 겉돌았던 시절
"나 너를 아직도 사랑하고 있단다!"

그 음성 듣고 난 뒤
눈물 흘리며 입술 깨물고 새 결심한
그때가 있었습니다

숨가쁜 삶의 전투장에서
정신없이 살아왔던 지난날
모든 것이 나의 노력
나의 수고인줄 알았는데
"내가 너를 지키고 있었단다!"
그 음성 듣고 난 뒤
교만한 목 꺾으며 울었던
그때가 있었습니다

주님 앞이 아니면
이 세상 어디에서 목놓아 울어 보겠습니까
아아!
나 오늘은 주님 제단 밑에 엎드려

가슴 맺힌 응어리 풀어지게
한번 실컷 울어나 보고 싶습니다
우리 주님 발 밑에서
우리 주님 발 밑에서

당신이 있어 의미 있는 세상

쓰레기더미 같은 세상
썩을 것은 썩고 변할 것은 변해도
당신의 숨결이 있어
오늘
세상은 아직 생명이 있습니다.

분쟁의 용광로 같은 세상에서
죽고 죽이고 시기하고 미워해도
당신의 사랑이 있어
오늘
세상은 아직 아름답습니다.

미치광이의 발광 같은 세상에서
뿜어대는 공해 속에 숨이 막혀도
당신의 섭리의 손길이 있어
오늘
세상은 아직 신선합니다.

깜깜한 미로 같은 세상에서
엎어지고 넘어지며 비틀거려도
당신의 변함없는 말씀이 있어
오늘
세상은 아직 밝습니다.

당신이 있어 생명이 있고
당신이 있어 아름다운 세상
당신이 있어 신선하고
당신이 있어 밝게 빛나는 세상
당신이 있어
나의 삶은 의미가 있습니다.

오늘
세상에 사는
나는
당신 때문에 행복합니다.

주님 앞에서

나
이 세상 여행 다 끝마치고
주님 앞에 서는 그날
"너 세상에서 무엇하다가 왔니?"
주님이 내게 물으신다면
나는 할 말이 없겠네

나
그토록 수없이 많은 날들을
허송세월로 보내고
아무것도 한 것 없는 빈손인 채로
주님 앞에 부끄러워
나는 그만 고개를 떨구겠네

나
낙엽 지는 어느 황혼녘에
주님 앞에 가는 그날
"너 세상에서 무엇 가지고 왔니?"

주님이 내게 물으신다면
나는 할 말이 없겠네

그토록 수없이 많은 것들을
육신을 위해서 탕진하고
썩어질 것들을 움켜쥐고 자랑하느라
아무것도 준비한 것 없는 빈손인 채로
주님 앞에 죄스러워
나는 그만 고개를 떨구겠네

나
그래도 괜찮다고 주님이 날 반기시면
면목없어 주님 품에 얼굴 묻고
토닥거리는 따스한 손길에
어린 아이 마냥 입술 삐죽이다
나는 그만 울음 터뜨리겠네

눈물

긴
한 무리 행렬
한낮의 뙤약볕아래
영문밖 좁은 길을 빠져나가다.

조롱과 비소의 눈초리
두려움과 호기심의 눈길
비련에 젖은
엇갈린 시선 속에...

이마를 찌르는 가시의 아픔도
살갗을 파고드는 채찍의 쓰라림도
힘에 겨운 십자가의 고통도 아니건만
예수
누군가를 찾고 있는 눈동자엔
눈물로 어리어라.

저기
호산나 외치던 어린아이들
일곱 귀신 들렸던 막달라 마리아
무덤 속에서 썩어가던 나사로도 있건만
예수는 그 누구를 또 찾고 계시는가?

돌아보고
또 돌아보아도
보여야할 얼굴 보이지 않는 안타까움에
예수
두 눈에 고인 눈물
발자국마다 뿌리며 가시다.

그날 그 밤에

조각달 마저도 비치지 않았던
바람도 고요히 숨죽이던 그 밤에
주님은 슬픈 미소 머금고 기도하시다

조촐히 차려놓은 마가의 다락방에서
발 씻기우고 쥐어주시던 떡과 잔이건만
유다는 어디 가고 열 한 제자만 남았는가

외로운 찬미소리 감람산 기슭에 머물고
핏빛 어린 주의 기도 안타깝게 흩어질 때
무심한 세 제자는 약하여 잠이 들고...

유다의 입맞춤이 거짓이어도
사랑하는 제자들이 주위에 있었어도
예수는 잠잠히 선지자의 예언을 이루려 하시더라

모닥불 주위에 두려움이 피어오르고
굳은 결심 변하여 저주하며 부인할 때

새벽 닭 울음소리 통곡으로 바뀔 줄이야

갈보리로 가는 길이 힘겨운 일이건만
죄인이 의인을 심판할 때
예수께서 잠잠하시니라

홍포를 입은 예수님
가시면류관을 쓰신 외로운 유대왕
갈대를 한 손에 쥔 만왕의 왕이여
찾는 이는 다 어디 가고
예루살렘 여인들만 통곡하는가

멀리 서서 바라보는 저 무리들
두려움에 두 눈을 크게 뜬 어린아이들이
눈물로 주의 발을 씻기며 향유를 그 머리에 붓던 여인이

무덤 속에서 썩어가던 나사로가
벳세다 광야에서 배고픔에 방황하던

오천의 눈동자가
외로운 우리 주님의 고난을
말없이 지켜보고 있었느니

아아! 역사의 모퉁이에 홀로 서 있던
그 날 그 밤은 고통 속에 안타까워도
"엘리 엘리 라마 사박다니"
마지막 승리의 환희 속에
예수는 따뜻한 아버지의 품속에서
두 눈을 감으시다

주님 닮은 모습

내 눈빛에서
목자 잃은 양무리들을
한없는 사랑으로 바라보시던
주님의
그 눈빛을 보게 하옵소서!

내 입에서
상처받고 갈급한 인생들에게
천국복음으로 위로하시며 외치시던
주님의
그 음성을 듣게 하옵소서!

내 손길에서
지치고 쓰러진 연약한 자를
일으켜 세우시고 부축하시던
주님의
그 따스한 손길을 보게 하옵소서!

내 발걸음에서
잃어버린 한 영혼을 찾아
험한 십자가의 길을 걸어가신
주님의
그 발걸음을 보게 하옵소서!

아아!
남이 나를 볼 때에
아버지의 마음으로 가득한
주님 닮은
내 모습이 발견되게 하옵소서!

주님 앞에 엎드리면

주님 앞에 엎드리면
나는 자꾸만 부끄러워집니다
아침 햇살에 비치는 방안의 먼지들처럼
내 속에 수많은 죄악의 먼지들이 보입니다
감추려 해도 감출 수 없는
부끄러운 인생의 흔적들이
오늘도 주님 앞에 적나라하게 드러납니다

주님 앞에 엎드리면
나는 자꾸만 죄송해집니다
때를 따라 구하지 않아도
나의 부족함을 미리 채워주시는 주님
하해 같은 은혜를 입고서도 언제나 철없는 행동뿐
오늘도 인생 스케치북 한 장 찢어내어
주신 크레파스로 개칠만 해댑니다

주님 앞에 엎드리면
나는 자꾸만 눈물이 납니다

세상의 그 무엇과도 견줄 수 없는
파도 같은 큰 사랑이 나를 덮습니다
외로운 십자가 고통 속에서
눈물로 나를 껴안으시던
주님의 그 사랑이 나를 울게 합니다

오늘 아침 주님 앞에 엎드려
나의 부끄러움 때문에 숨죽이며 울었습니다
그 크신 은혜 때문에 흐느껴 울었습니다
그 사랑 때문에 나는 그만 소리내어 울었습니다
십자가 앞에 엎드리면
부끄럽고 죄송하여 자꾸만 눈물이 납니다
그래도 나는 자꾸만 주님 앞에 엎드립니다

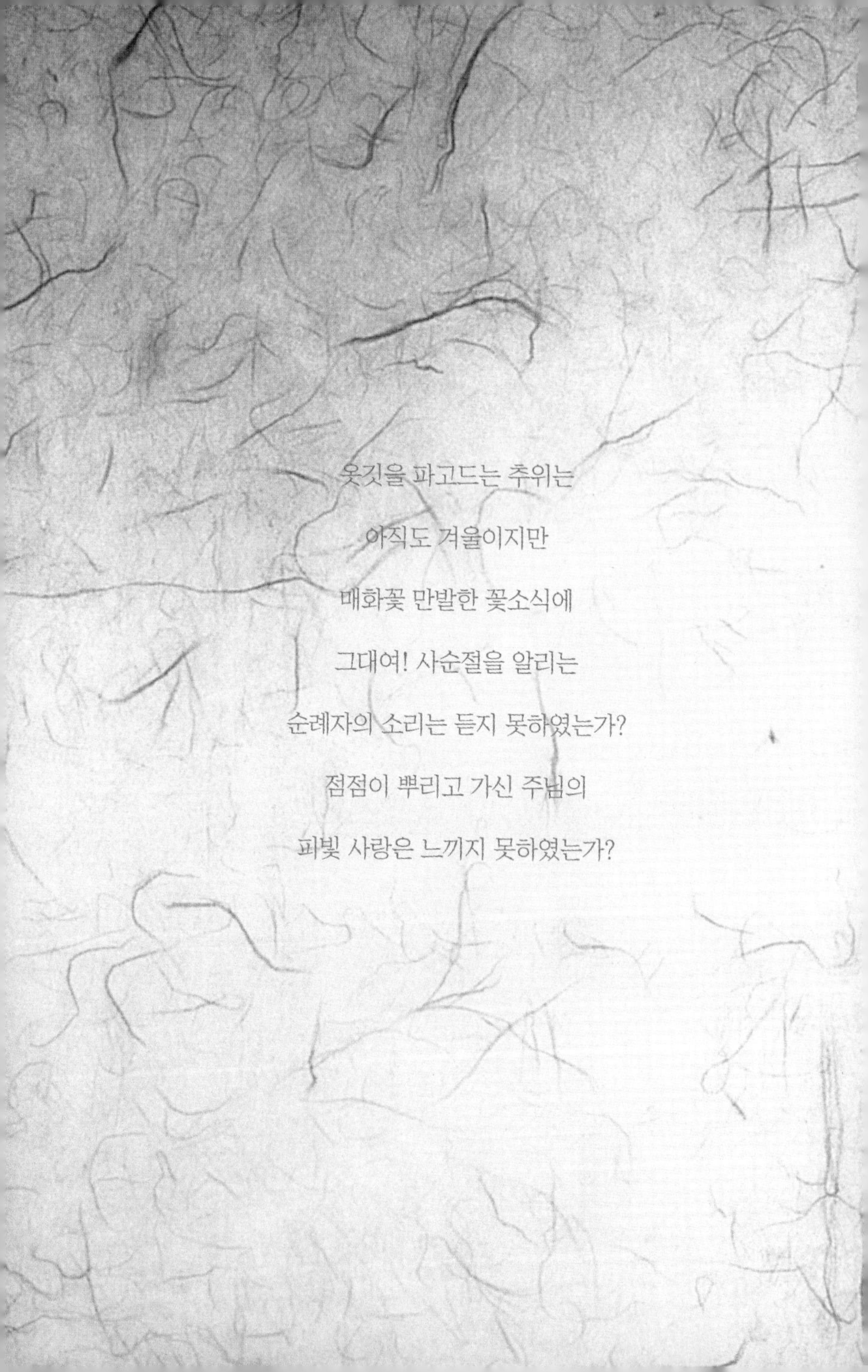

옷깃을 파고드는 추위는
아직도 겨울이지만
매화꽃 만발한 꽃소식에
그대여! 사순절을 알리는
순례자의 소리는 듣지 못하였는가?
점점이 뿌리고 가신 주님의
피빛 사랑은 느끼지 못하였는가?

봄, 여름 그리고

고향

거기
내 어머니의 마음이
싸릿문 모퉁이에 걸려있는 곳

거기
소꼽친구들의 재잘거림이
동구 밖 느티나무에 걸려있는 곳

거기
나 어릴 때 철없던 꿈들이
감나무 가지 끝에 걸려있는 곳

거기
애틋한 정겨움이 가을바람에
후루루 후루루 깃발처럼 나부끼는 곳

이번 추석에도 나는
서럽도록 청아한 가을하늘 바라보며
홀로 그리워 한다

봄이 오는 길목에서

옷깃을 파고드는 추위는
아직도 겨울이지만
매화꽃 만발한 꽃소식에
그대여!
사순절을 알리는
순례자의 소리는 듣지 못하였는가?
점점이 뿌리고 가신 주님의
피빛 사랑은 느끼지 못하였는가?

한 주일 또 한 주일
시간이 지나간 자리엔
추위 속에 돋아난 새싹들이 고개를 내미는데
게으른 몸과 마음은 산중 깊은 곳에서
아직도 겨울잠을 자고 있는 그대
흘러내리는 개울물소리에
주님의 발자국 소리는 들었는가?

"일어나라 함께 가자!"
주님의 속삭임을 듣지 못하였는가?

십자가의 죽음으로
아버지께 기쁨을 드리고싶어 하셨던 주님
나에게 행복을 주고싶어 하셨던 주님
그대여! 지금 봄이 오는 길목으로
주님의 고난의 현장에 함께 가지 않으려는가?

부활의 계절에

부활의 계절에
진달래 철쭉은 해마다
눈이 부시도록 아름답게 피었습니다
점점이 뿌리고 가신 주님의 핏자국인양
야트막한 뒷산 응달진 곳에서
선홍빛 가득한 꽃들이
무리 지어 손짓합니다

부활의 계절에
노란 개나리는 해마다
눈이 부시도록 아름답게 피었습니다
갈급한 영혼들을 사랑하신 주님의 손길인양
길 옆 울타리 쳐진 곳에서
마음 따뜻한 샛노란 빛깔로
무리 지어 손짓합니다

부활의 계절에
하얀 백목련은 해마다

눈이 부시도록 아름답게 피었습니다
죽음의 문을 깨드리고 승리하신 주님의 모습인양
뒷마당 구석진 모퉁이에서
하늘 향해 두 팔 벌린 모습으로
무리 지어 손짓합니다

해마다 피고 지는 꽃들은
올해도 피었다가 졌습니다
꽃 잎 떨어진 가지에는
초여름으로 가는 파란 기운이 가득한데
아아!
계절의 오고 감도 느끼지 못하는 나의 영혼은
아직도 겨울잠에 빠져 있는가요
아니면 또 다른 춘곤증에 시달리고 있는가요

삼월의 연가

주님이 나에게 은혜 주시면
아직 꽃망울 터뜨리기엔 이르지만
나
때문은 겨울옷 벗어 던지고
산모퉁이 응달진 그곳
눈물로 얼룩진 거리거리에
십자가 사랑으로 붉게 물들인
우리 주님 모습 닮은
한송이 철쭉으로 피어있겠습니다

주님이 나에게 은혜 주시면
아직 찬바람 불어오는 들판에서
나
세속의 두꺼운 겨울 이불 젖히고
외로움에 떨고있는 그곳
긍휼의 손길 베푸시던 골목골목에
천국의 소망으로 채워주시던
우리 주님 모습 닮은

한송이 백목련으로 피어있겠습니다

주님이 나에게 은혜 주시면
그래서 나를 돌아보시면
나
죄악의 오물로 질컥거리던 신발
미련 없이 벗어 던지고
골고다 언덕 올라가시며
점점이 남기신 발자국 따라
우리 주님 모습 닮은
한송이 민들레로 피어있겠습니다

땡감의 연가

해걸이 하던 감나무에
올해는 감이 많이 열렸습니다
맛있는 단감 씨종도 아니고
씨알이 굵은 품종도 아닙니다
연시로 만들어 먹기에도
침 담궈 먹기에도
그렇게 좋은 감이 못됩니다

예배당 건물에 가려
아침햇살도 제대로 못 받는 그곳
누구하나 찾아가서 돌봐준 이도
거름 한번 준 이도 없건만
늦은 봄 왕관 닮은
새하얀 감꽃을 피우더니
이렇게 계절을 풍요롭게 합니다

목마른 가뭄 속에서도
비바람 치던 폭풍우 속에서도

달빛 환한 밤에도
별만 빛나던 외로운 밤에도
사람들이 세상 즐거움을 찾아 헤매던 날에도
날마다 아쉬운 바람과 햇볕을 받으며
이렇게 예쁘고 아름답게
자신을 가꾸어 왔습니다

씨알이 좀 작으면 어떻습니까
좀 떫으면 또 어떻습니까
하나님이 주신 자리에서
하나님이 바라시는 때에
저토록 탐스럽게 열매 맺음이 아름답습니다
씨알이 작고 떫은 땡감이긴 해도
올망졸망 매달린 모습이 무척 정겹습니다

비

비!
비다.
비가 온다.
비가 내린다.
비가 쏟아진다.

오고 오고 또 온다.
내리고 내리고 또 내린다.
쏟아지고 쏟아지고 또 쏟아진다.

산이 무너진다.
제방이 무너진다.
가난한 민심이 무너진다.

황톳물이 무섭게 흘러간다.
수많은 쓰레기들도 휩쓸려 흘러간다.
어떻게 살아가야할지 막막해하는
집도 땅도 다 잃은 농부의 한숨도 흘러간다.

여름일기

예배당 뒷간에 심어둔 담쟁이가
붉은 벽돌 건물을 타고
끝없이 기어오른다
한낮 뜨거운 태양열에도
자꾸 자꾸 올라간다
싱싱한 잎사귀를 뽐내며 올라가는
담쟁이 앞에서
성장하지 못하고 바닥을 기어가는 나의 신앙이
어찌 이다지도 부끄러운지

예배당 앞 채소밭에 심긴 옥수수가
만세 하듯 두 팔을 벌리고
쑥쑥 자란다
습기차고 무더운 날씨에도
자고 나면 어느새 내 키보다 더 자랐다
긴 수염 속에 노랗게 익어 가는
옥수수 앞에서
알맹이 없는 껍데기뿐인 나의 믿음이

어찌 이다지도 부끄러운지

늦봄에 심은 고추 가지 호박들
사람들이 잠든 틈에
무럭무럭 자란다
따가운 햇살에 타 죽을 것만 같던
가녀린 모종들이 언제 저렇게 컸을까
밭고랑도 보이지 않게 뻗은
가득 달린 열매들 앞에서
열매는 없고 잎만 무성한 나의 모습이
어찌 이다지도 부끄러운지

여름 산

여름이면
사람들은 산을 찾습니다
심산계곡에 발 담그고 앉아
속세의 때를 씻어냅니다
삶에 찌들었던 지난날들을 이야기하며
가끔은 이렇게 자신을 돌아볼
시간을 가져야 한다고 넋두리를 합니다
산은 사람들의 이야기에 귀를 기울이고
흐르는 시냇물은 지나온 인생사를
소리내며 흘려보냅니다

아이들이 계곡에서 물장난을 하는 사이
어른들은 둘러앉아 화투판을 벌입니다
도시의 아귀다툼이
작은 화투판에서 다시 시작됩니다
아름다운 삶의 이야기는 슬그머니 자취를 감추고
번쩍이는 눈빛 속에 화투판은
먹고 먹히는 치열한 전투장으로 바뀝니다

벌겋게 달아오른 사람들의 모습에 놀란 아기 다람쥐는
먹다버린 인생의 남은 빵 조각을 물고서
어디론가 달려갑니다

아이들이 배고프다고 소리지르면
여인들은 둘러앉아 고기를 굽습니다
아귀아귀 상추쌈에 마늘 얹어
양 볼이 터지도록 먹어댑니다
산자락 가득히 연기를 내며
'다 먹자고 하는 짓인데'라며
육정의 힘을 돋구어
구석구석 춤추며 소리지릅니다
가슴 아픈 애환을 숲속에 묻으며
꺼이꺼이 울음을 토해 냅니다

산 찾아 수양하러 왔던 사람들
석양빛 일렁이며 서산마루 해 넘어갈 적에
돗자리 챙겨들고 산을 내려갑니다

지쳐 잠든 어린 아들 등에 업고
술 취한 아버지는 비틀거리며 갑니다
그들이 떠난 빈자리엔
세속의 쓰레기만 가득하고
깊은 산 맑은 물가엔
버려진 양심들이 나뒹굽니다
그래서 여름 산은 언제나 말이 없습니다

여름 바다

여름이면
사람들은 바다를 찾습니다
인생의 모든 굴레들을 훌훌 벗어 던지고
바다의 넓은 가슴에 안깁니다
비치 파라솔 아래에서
모래찜질을 하며
흙으로 돌아갈 앞날을
미리 연습합니다

밀려오는 파도를 가슴으로 안으며
사람들은 자신의 가슴속
숨겨진 상처들을
씻어냅니다
바다는
그래서 언제나
파랗게
멍이 들어있습니다

버려진 조개껍질 속에는
어느 슬픈 연인들의 사연이 들어 있고
모래알 하나 하나에는
수많은 사람들의 추억이 남아있습니다
바닷가를 거닐면
그래서 언제나
도란거리는
목소리가 들려옵니다

넓은 바다를 닮아
바다처럼 살자고 다짐했던 사람들
깊은 바다는 구경도 못하고
물가에서만 놀다 갑니다
바다는
그래서 언제나
외롭게
홀로 있는 시간이 많습니다

여름이 가고 난 빈자리에는

뜨거운 뙤약볕 더위에 허덕이며
정신없이 살았습니다.
벗고 벗어 던지고...
부끄러움도 잊은 채 말입니다.

숨까지 막히는 갈증 때문에
정신없이 마셨습니다.
마시고 마시고 마셔대며
미친 듯이 발광했습니다.

냄새나는 쓰레기는
아무데나 버렸습니다.
버리고 숨기고 던져버리며
나만 깨끗하고 좋으면 그만이었습니다.

여름이 가고 난 빈자리
물 맑던 계곡엔
숨겨진 쓰레기로 가득하고

더 넓은 백사장엔 버려진 오물들

당신이 겪은 지난 인생의 여름
그곳 빈자리는 어떻습니까?
정신없이 미친 듯 살아오면서
잡초 우거진 무덤 하나
달랑 남겨두고 떠날 건가요?

아니면
그 인생의 계곡과 바닷가에
뭔가 의미 있는
아름다운 추억꺼리를 만들 건가요?

가을애가

가을에는
왜
밝게 비치는 햇살조차도
쓸쓸하게 보일까요
강렬하던 기운이 사라지고
저만큼 비켜선 듯
툇마루 끝 쪽으로 돌아가는
인생의 해 그림자

가을에는
왜
붉게 물든 나뭇잎조차도
쓸쓸하게 보일까요
싱싱하던 이파리는 곱게 물들고
불어오는 찬바람에
한 잎 두 잎 떨어지는
이별의 단풍잎들

가을에는

왜
들판에 선 키 큰 억새꽃조차도
쓸쓸하게 보일까요
하얀 꽃 속살을 바람에 날리며
철새들 길 따라
끝없이 방황하며 흔들리는
억새꽃 군상들

아아!
가을이 슬픈 것은
만물의 마지막 아름다움 때문인가요
잎사귀도 열매도 줄기도
헤어짐의 원리 속에 조용히 생을 접고
다시 태어날 그 순간까지
이별해야 하기 때문인가요
아니면
가을이 이렇게 슬퍼지는 것은
아무 것도 거둘 것 없는
내 인생의 결산 때문인가요

가을이 언제 떠났는지

저 넓은 들판 가득
출렁이던 황금물결에
마음도 몸도 기쁨의 노를 저어
익은 알곡 거두느라
가을이 언제 떠났는지
나는 알지 못했어요

형형색색 채색한
고운 산자락으로
가을은 그렇게 나를 찾아왔지만
먼 산 바라보며 옛 추억에 젖느라
가을이 언제 떠났는지
나는 알지 못했어요

가을은
새털구름 수놓은 옥빛 하늘 끝에
늙은 호박 자리잡은 담장 위에
가냘픈 코스모스 꽃잎

바람에 일렁이며 손짓하던
길가에 있었는데

내 몫 챙기느라 바쁜 세상
한 눈 파느라 정신없는 세상
곁에 있어도 좋은 줄 모르는 세상
언제나 내 곁에 있을 줄 알았는데
가을이 언제 그렇게 떠났는지
나는 알지 못했어요

가을은

가을은
사람을 외롭게 한다
청아한 하늘빛이 그렇고
바람에 일렁이는 갈대숲이 그렇고
가녀린 코스모스 꽃잎이 그렇고
붉게 눈물짓는 석양빛이
마음을 외롭게 한다

가을은
사람을 생각하게 한다
무르익은 열매를 보며
날아가는 철새를 보며
흙으로 돌아가는 낙엽을 보며
살아온 인생길을 생각하게 한다

가을은
사람을 시인으로 만든다
연인들은 아름다운 시어들을 나누고

헤어진 사람들은 추억을 꺼내보고
혼자인 사람들은 계절의 모퉁이에 서서
사랑을 찾아 노래를 부른다

사람들은 가을을 탄다
불어오는 소슬바람 때문에
빨갛고 샛노란 단풍잎 때문에
향기로운 국화꽃 한다발 때문에
짙은 향커피 한 잔 앞에놓고
그렇게 홀로 가을을 타며 산다

가을에는

앞집 소정이 할아버지
농약을 뿌린다면서
오 천 평 논에다 제초제를 잘못 뿌렸네
한 번도 이런 일이 없었는데
눈 깜짝하는 사이에 큰 실수를 저질러
다 된 농사를 망쳐버렸네
벌겋게 말라 가는 벼들이
까맣게 타는 농부의 마음이어라

올해는 별 탈없이 지나가나 했는데
'프라피룬'이라는 때아닌 태풍으로
풍년을 이룬 넓은 들판의 벼들이
죄다 쓰러졌네
경인운하 계획으로 빼앗기는 문전옥답에
안 그래도 속 끓이고 있는데
반쯤 익은 벼들이 죄다 넘어졌으니
힘없는 백성들의 쓰러지는 마음이어라

비바람에 날아간 스레트 조각들
뻥 뚫린 구멍 사이로
푸른 하늘이 보이네
그래도 암 말 없이
지붕을 막는 아랫집 아저씨
하 많은 세월의 풍상을 겪으며
익히고 적응해온
연약한 인생의 모습이어라

꺾여진 고추나무 가지에서
흙 묻은 붉은 고추를 거두며
진흙탕 속에 움트는 가을 채소 모종을
다독거리며 손질하는 농부의 손길
자고 나면 다 잊어버린 채
휘적휘적 또 다시 들판으로 나서는
농부의 발걸음
철골에 걸려있는 비닐 조각들이
후루루 후루루
소슬바람에 춤을 추고 있네

가을 묵상

겨울 철새 떼들 차가운 달빛 속에 날고
빈 들판엔 눈바람 소리내어 울 때
대지는 긴 잠에 빠져 있었다.
두꺼운 외투자락 속으로 몸을 감추며
뒤돌아보지도 않고
종종 걸음쳐 오던 저 들녘에
올해도 하나님은 풍성한 열매를 허락하셨다.

저 들판 가로질러 꽃소식 전하는 노랑나비
버들강아지 눈뜨고 민들레꽃 수줍어 할 때
대지는 기지개를 켜며 일어났다.
길어지는 하루해를 게으름으로 보내고
어느 날 후딱 해치웠던 논갈이며 못자리
그리고 또 모를 심었던 저 들녘에
올해도 하나님은 넘치는 결실을 거두게 하셨다.

찌는 듯한 삼복더위에 목말라하던 산천초목들
긴긴 장마 속에 비를 맞고 서 있던 식물들

때아닌 태풍과 이상기온 속에서도
대지는 그렇게 참고 있었다.
산으로 강으로 바다로
그렇게 사람들은 자기 하고픈 대로 살아왔건만
올해도 하나님은 풍성한 수확을 허락하셨다.

사람의 수고보다 더 풍성히
사람의 흘린 땀보다 더 넘치게
언제나 하나님은 대지를 통하여 거두게 하셨다.
흙으로 지음 받은 존재가 대지로 돌아가는 그 날
이 세상에서 살았던 지난 세월 모두가
하나님의 은혜였음을 깨달으리라.
모든 것이 하나님의 사랑이었음을 알리라.

가을을 사는 사람들

불평의 마음으로 가을을 사는 사람은
들녘의 일거리 때문에
단풍놀이 가는 관광버스 때문에
아침저녁으로 싸늘해 가는 기온 때문에
담 위에 늙은 호박 갉아먹는 들쥐 때문에
원망하며 힘들어한다.

슬픈 마음으로 가을을 사는 사람은
바람에 손짓하는 하얀 갈대 숲으로
차가운 밤하늘의 달빛으로
울며 무리 지어 날아가는 철새 떼들로
그리고 떨어지는 나뭇잎 하나로도
혼자 가슴 아파하며 눈물짓는다.

사랑의 마음으로 가을을 사는 사람은
방금 결혼하고 나오는 신랑신부를 보며
고추잠자리를 좇아가는 개구쟁이를 보며
감나무 끝에 달린 감홍시 따는 할아버지를 보며

코스모스 길 따라 소식 전하는 우체부 아저씨를 보며
가슴 가득 사랑스런 마음을 품는다.

감사하는 마음으로 가을을 사는 사람은
청아한 옥빛 하늘로
들판에 가득한 곡식들로
붉게 물들인 단풍으로
그리고 숲속에 떨어지는 도토리 한 알로도
하나님께 감사한다.

겨울 기우

들판 가득 달려오는 찬바람에
앙상한 나뭇가지 밤새워 소리내어 울고
달그락거리던 생쥐도 땅속으로 숨어버린
차가운 이 겨울밤에
쿨룩거리며 기침하던 노인 성도님께
행여 무슨 일이라도 일어날까 봐
공연히 잠 못 이룬다

달빛도 차갑게 느껴지는 새벽
서산마루 걸려있는 인생의 남은 시간
자꾸만 이불 속으로 파고들고픈
차가운 이 겨울 새벽에
꼬부라진 허리로 교회 종을 치는 노인 권사님께
행여 무슨 일이라도 일어날까 봐
공연히 조바심 낸다

앙상한 가슴 더 떨게 하는
추위와는 상관없이

눈썰매장에서 멋 부리는 사람들
윙윙 소리내는 전깃줄사이로 흩날리는 겨울눈
다리에 자꾸만 힘이 빠지는 노인 집사님께
행여 예배당 나오시다 무슨 일 날까
공연히 걱정스럽다

찬바람에 휘날리는 거친 백발
가쁜 숨 몰아쉬며 찾아오는 예배당
바람 때문에 흘러내리는 눈물을 훔치는
노인 집사님들의 거친 손을 잡고서
본향으로 돌아갈 그날까지
언제나 건강하게 사셨으면 하는 바램
공연히 혼자 안타까워한다

추억속의 성탄절

나 어릴 제 성탄절은
너무나 추웠었다
교회 갔다 오는 길
내복도 양말도 없이 벌벌 떨며
빨간 코와 귀
꽁꽁 언 두 손을 불어가며
쥐불놀이 하면서 보냈다

나 어릴 제 성탄절은
선물도 없었다
가난한 시골교회는
어린 우리들에게 줄 것이 없었다
맛있는 점심은 어른들만 먹고
산타클로스 할아버지는
가난한 우리 동네까지 오지도 않았다

나 어릴 제 성탄절은
그래도 즐거웠다

밤 예배 시간에 하는 연극이랑 율동은
온 마을 사람들이 함께 보았다
싸움대장 심술쟁이 삐짐쟁이도
그 밤에는 모두 한마음이었다
그 밤에는 아기 예수님이 주인공이었다

아아!
그때는 날씨가 그렇게 추웠어도
우리의 마음들은 훈훈한 사랑이 있었다
그때는 선물 하나 주고받는 이 없었어도
우리의 가슴에는 따뜻한 정이 흐르고 있었다
어설픈 우리의 몸짓 속에는
주님께로 향한 순수한 믿음이 있었다

주님은 올해도
화려한 도회의 호텔 연회장도
장엄한 오르간 소리 울리는 성전도
선물로 가득한 백화점도 아닌

냄새나고 더러운 내 삶의 현장
이리저리 방황하다 지쳐 쓰러진
베들레헴 마구간에 그제 오시려는가

건강주심에 감사하고

일꺼리를 주심에 감사하고

이렇게 마음놓고

하나님 섬길 수 있음에

더욱 감사하단다.

기도

눈물이 나려고 합니다

꼬부라진 허리
가쁜 숨 몰아쉬며
예배시간 늦을 새라
비척비척 쓰러질 듯한 발걸음으로
교회언덕 오르는 성도들을 보면
나는 눈물이 나려고 합니다.

월화수목금토
어느 하루라도 안 바쁜 날 없이
부모공경 자녀교육 가정생활 직장생활
주일도 예외 없이 새벽부터 저녁까지
그렇게 열심히 충성하는 성도들을 보면
나는 눈물이 나려고 합니다.

피곤한 육신을 이기지 못하여
때때로 졸긴 하지만
검게 탄 얼굴 주름진 모습에도
은혜를 사모하는 맑은 눈빛을 보면

내 마음속에서는
어느새 눈물이 흐릅니다.

깻단 한 단에 육백원
호박잎 한 단에 오백원
비름나물 한 단에 삼백오십원
먹고 싶은 것 참아가며
사고 싶은 것 아껴가며
그렇게 주님 앞에 드리는 정성을 보면
나는 그만 울고야 맙니다.

강단에 올라 성도들을 바라보면
나는 자꾸만 눈물이 나려고 합니다.

우리교회 성도들

오늘 주님이 오신다면
우거진 잡초 쥐어뜯느라
손톱 밑 풀물 배인 억센 손길 모으며
"모든 게 다 주님 주신 은혜로 살았어라!"
호미자루 광에다 가지런히 걸어놓고
그렇게 주님 따라 나설 사람들

오늘 주님이 오신다면
허리 한번 제대로 못 펴고
늙도록 시부모 수발 들던 모습으로
걸레 빨다 물 묻은 두 손
치마폭에 쓱쓱 문지르며
그렇게 주님 따라 나설 사람들

오늘 주님이 오신다면
사고로 펴지지 않는 다친 다리를 끌며
일평생 농부로 살다가
뙤약볕 검게 그을린

흙 묻은 얼굴 씨익 웃으며
그렇게 주님 따라 나설 사람들

오늘 주님이 오신다면
잔업으로 늦은 밤
고요한 불빛 받으며 돌아가는 귀가 길
살며시 예배당 들어가
엎드려 기도하는 모습으로
그렇게 주님 따라 나설 사람들

아아!
오늘 주님이 오신다면
욕심부리지 않고 다투지 않고
있는 듯 없는 듯
그렇게 하나님 섬기다가
주님 따라 나설 사람들

어느 성도의 눈물

찌는 듯한 삼복더위에도
들판에서 장꺼리를 했다.
채소단을 묶는 손끝은 풀물이 들고
검게 탄 얼굴엔 땀으로 젖었다.

하루쯤 쉬면서
시원한 바닷가로 물놀이를
갈 수도 있으련만
때 놓치면 안될 새라 밭으로 간다.

오고 가는 숱한 자가용 행렬을
무심히 지나치며
석양 빛 노을
외발 손수레를 끌며 돌아오는 얼굴엔
늙으신 시모님 저녁상 걱정뿐.

땀으로 젖은 옷
갈아입을 틈도 없이

헐레벌떡 예배당으로 달려와
주님 앞에 주르르 흘리는 눈물

건강주심에 감사하고
일꺼리를 주심에 감사하고
이렇게 마음놓고
하나님 섬길 수 있음에
더욱 감사하단다.

아아!
보석보다 아름다운
성도의 눈물
그 분의 기도대로
"주여, 은총 내려 주옵-소서!"

어떤 모습(1)

아무 것도 모르고
세상 속에 섞여 그렇게 살던 모습
저 사람 예수 제대로 믿을까
반신반의했었는데
갈수록 예쁘게
신앙생활 하는 모습이
너무너무 아름다워라

되는 일도 없고
좋은 일도 별로 없어
저 정도면 시험에 들겠지
지레짐작했었는데
믿음으로 인내하며
이 앙 다물고 견뎌 가는 모습이
너무너무 귀하여라

힘들게 수고하여 얻은 것
구석구석 쓰일 데가 많아

하나님께 드릴 것 없겠지
대충 생각하고 있었는데
주님의 은혜라며 눈물로 드리는 정성
작은 것 받아달라며 감사함이
너무너무 예뻐라

아아!
주님을 향한 믿음의 아름다움이여
세상 속에 숨겨진 신행의 귀함이여
인생의 산모퉁이
굽이굽이 돌아갈 때
옷자락에 향기 날리며 걸어가는 모습이
너무너무 사랑스러워라

어떤 모습(2)

처음엔
주일 예배 한번 빼먹고
주님 앞에 죄송해서
부끄러워하더니
이제는
여간 빠지고도
아무렇지도 않은 모습이네

처음엔
드려야할 것을 드리지 못해
교회 앞에 죄송해서
부끄러워하더니
이제는
큰 것 많은 것 삼키고도
늠름한 모습이네

처음엔
끊어야할 것들을 끊지 못해

목사 앞에 죄송해서
부끄러워하더니
이제는
할 짓 못할 짓 다 하고도
뻔뻔한 모습이네

처음엔
받은 직분 감사해서
지사충성 하더니
이제는
직분이 자신을 옭아맨다고
불평하는 모습이네

아아!
지난 날
겸손하게 주님 바라보던
순전하고 맑은 눈빛은 어디 가고
찌들은 종교생활에 부끄러움을 잊은
철면피만 남았는가

밴댕이 속알딱지

교회는 안 나오면서
언제나 예배당 안팎을 돌아다니며
저지레하는 개구쟁이 녀석들을 보면
왜 그렇게 심사가 불편한지
오늘도 나는 조무래기들이
예배당 건물에 올라가는
담쟁이 넝쿨을 뜯어놓은 것 때문에
기분이 언짢았다

말도 없이 교회 마당에 주차해 놓고서
떠난 후에 보면 온갖 담배꽁초며
휴지들을 버리고 간걸 보면
왜 그렇게 속이 상하는지
오늘도 나는 일식면도 없는 사람이
당연히 주차해도 되는 듯 세워놓았다가
떡 하니 차를 몰고 가는 사람 때문에
감정이 상했다

상대방 생각은 조금도 않고서
할말 안 할말 다 하다가
어쩌다 목사의 실수를 꼬투리 잡아 덤비는
사람들을 보면
왜 그렇게 화가 나는지
오늘도 나는 죄송하다며 사과하면서
끓어오르는 혈기와 비참한 감정 때문에
속 상해 했다

아아!
세월이 아무리 흘러도
속 좁은 이 가슴을 넓힐 수가 없네
바다와 같이 넓은 마음이고 싶어서
주님의 마음을 갖고자 기도하지만
언제나 좁은 마음 때문에
나는 이렇게 기분 나빠하면서
오늘도 하루해를 넘긴다

어디선가 들려오는 주님의 음성
"야! 이 밴댕이 속알딱지야!"
그 소리를 들으니 더 기분이 나쁘다
"그래요, 나는 언제나 이래요!"
빽 소리 지르고 이불을 뒤집어쓴다

그러면 저는 가만 웃고만 있지요

어떤 이는 말하기를
그곳은 소망이 없으니
빨리 다른 곳으로 떠나라고 합니다
또 어떤 이는 말하기를
그곳에서 고생해 보아야
알아줄 이 없으니
더 늦기 전에 어서 떠나라고 합니다
그러면 저는 가만히 웃고만 있지요

어떤 이는 말하기를
교회가 살려면 아파트단지가
들어와야 한다고 말합니다
저 넓은 들판에 아파트로 꽉 차야
교회가 부흥된다고 열을 올립니다
그곳의 그린벨트는
언제쯤 풀리느냐고 묻습니다
그러면 저는 가만히 웃고만 있지요

어떤 이는 말하기를

이 동네 주민들 100% 복음화 시키면
교회가 살 거라고 합니다
왜 전도에 힘쓰지 않느냐며
핀잔까지 합니다
말씀이 좋으면 멀리서도 찾아올 거라고
다 아는 소리도 합니다
그러면 저는 가만히 웃고만 있지요

어떤 이는 말하기를
시골 한 모퉁이에서 고생한다고
위로합니다
또 어떤 이는 말하기를
도시에 나가봐야 더 고생만 하니
그곳에서 죽은 듯 엎드려 있으라고
충고해 줍니다
그러면 저는 가만히 웃고만 있지요

하나님께서 이곳에 있으라기에
저는 오늘도 여기에 서 있습니다

비뚤어진 심성

이웃교회 성도 어쩌다 새벽기도 참석하면
가까운 제단 섬겨야 복 받는다고 설교를 한다.
내 교회 유력한 성도 이사가는 날
아무리 멀리가도 본 교회 섬겨야 한다고 다짐을 준다.

이웃교회 부흥하여 예배당 차고 넘치면
인본주의로 사람 많이 모은 것 참부흥 아니라고 외친다.
어쩌다 지역이 개발되어 내 교회 숫자 좀 늘어나면
능력 받아 목회 하니 부흥되더라고 자랑을 한다.

이웃교회 장로 권사 안수집사 헌금 많이 하고 임직받을 때
요즘 교회 타락하여 돈 내고 직분 사는 것 회개해야 한다
고 열변을 토한다.
내 교회 장로 권사 안수집사 임직받을 땐
힘에 겹게 빚을 내어서라도 헌금해야 하나님 축복하신다
고 강조를 한다.

이웃교회 부흥하여 새 예배당 건축할 때

요즘 교회 타락하여 건물만 화려하게 치장한다고 비판을
한다.
빈자리 많은 예배당 허물고 내 교회 다시 건축을 할 땐
세상에서 가장 좋은 것으로 건축해야 하나님 기뻐하신다
고 열변을 토한다.

이웃교회 목사님 어느 성도가 승용차 사주었다고 자랑을
하면
요즘 목사들 대접받기 좋아한다고 빈정대면서도
내 교회 성도들 명절이 되어도 목사 찾아오지 않으면
요즘 교인들 주의 종 섬길 줄 모른다고 투덜댄다.

이웃교회 목사님 설교 잘한다고 소문이 나면
말씀 속에 복음이 있어야지 말만 잘한다고 설교가 아니라
한다.
내 교회 성도들이 우리 목사님 설교에 은혜가 없다하면
요즘 교인들 귀만 높아 가지고 말씀을 비판만 한다고 책망
을 한다.

남 잘되는 것 모래 위에 세운 집
나 잘되는 것 반석 위에 세운 집
남이 하는 것은 다 인본주의 세속주의 비성경적이요
내가 하는 것은 다 진실하고 선하며 하나님 뜻이라니

아아!
비뚤어진 나의 심성이여!
타락한 목사인 나여!

어떤 부담감

모두들 다 가는 피서를
나는 왜 선뜻 나서지 못할까
뜨거운 뙤약볕 비닐하우스 속에서
온종일 땀흘리며 일하는
그들을 생각함인가
누구는 그래도 이곳 저곳
다 가본 모양이던데

가족 외식이랍시고 중국집에 들어가
나는 왜 선뜻 비싼 걸 시키지 못할까
자장면 우동밖에 시키지 못함은
가난하게 홀로 사는
그들을 생각함인가
누구는 그래도 이것 저것
다 먹어본 모양이던데

한 주간 기도원에 다녀오고 싶어도
나는 왜 선뜻 나서지 못할까
수요일 밤 나만 바라보고 기다릴

갈급한 눈망울의
그들을 생각함인가
누구는 그래도 제 하고싶은 대로
다하며 살아가는데

예쁜 옷 사고 싶어하는 딸들에게
나는 왜 선뜻 사주지 못할까
목사의 돈은 성도들의 헌금이라
정성어린 마음으로 드리는
그들을 생각함인가
누구는 돈 없다 면서도 자식을 위해서는
아낌없이 다 해주는데

그런다고 성도들이
알아 줄 일 하나 없는데
나만 공연히 쓸데없는
부담감만 안고 사나보다
그래도 그렇게 살아야 하는 것이
목회자의 길이라고 배웠으니까
나는 오늘도 선뜻 나서지를 못한다

밑거름이 되어라

근래에 와서 건강식품으로
호박을 많이 찾고 있습니다.
잘 익은 호박으로 죽을 끓여 놓으면
어른이나 아이들 모두가 좋아합니다.

수년 전 일입니다.
아내는 예배당 올라가는 계단 옆에다
정성스럽게 호박씨를 심었습니다.
그런 곳에는 싹도 나지 않으리라는 저의 핀잔에도 불구하고
때가 되니 싹이 나고 줄기가 퍼지기 시작했습니다.

저는 뒤늦게 호박줄기가 잘 뻗어가도록 지주도 세워주고
바람에 쓰러지지 않도록 줄로 잡아매어 주기도 했습니다.
꽃이 피고 열매가 조그맣게 열렸습니다.
아내와 저는 좋아라며 기뻐했습니다. (무척이나 기뻐~)
이번 가을엔 우리가 심은 호박씨에서
굵고 큼직한 호박을 따게 될 거라고 생각했기 때문입니다.

그러나 그 기쁨도 잠시뿐
며칠 계속된 장마비가 그친 후 나가보니
우리 부부의 기쁨이었던 구슬 같은 작은 호박열매는
다 땅에 떨어져 있었습니다.

웬일일까 생각하며 텃밭에서 호미질을 하시는
김집사님께 말씀을 드렸더니
"아이고 목사님도 참! 호박씨를 심기 전에 구덩이를 넓게
파서
밑거름을 넣고 심어야 호박이 떨어지지 않고 잘 열리지
요!"하셨습니다.

아! 가을에 따먹는 호박 한 개에도
잘 썩은 밑거름을 넣어야 하거늘
저는 이 시골마을의 영혼 구원을 위해서
기꺼이 밑거름이 되지 못했습니다.
이 마을에서 밑거름이 되었더라면
하나님께서 기뻐하시는 구원받은 영혼이

더 많이 주렁주렁 맺혔을 터인데 말입니다.
"하나님, 저를 호박구덩이에 밑거름이 되게 하여 주세요!"
저는 그렇게 기도했습니다.

성도의 마음

목사님 오백원어치 나 오백원어치
시장에 나갔다가 맛있는 콩나물 샀다며
"이거, 집에서 길런 거레유!"
귀한 것 아니라 쑥스러워하며 불쑥 내미는
성도의 마음

아들이 사온 것 친척이 사온 것
모처럼 생긴 사과 두 상자 중에 하나라며
"마음에는 있어도 한번두 드리지 못했지라!"
헐레벌떡 달려와 내려놓고 돌아가는
성도의 마음

올망졸망 갖가지 음식들 소반에 담아
가쁜 숨 몰아쉬며 식기 전에 드시란다.
"목사님 먼저 잡숴야 저덜이 먹지라!"
그릇은 문밖에 두라며 휘적휘적 걸어가는
성도의 마음

검은 비닐봉지에 담긴 계란 몇 개
차마 내밀지 못하고 문간 옆에 놓고 갔다.
"돈 있으면 소고기를 사드려야 하는 긴데..."
소고기보다 더 귀한 선물 두고 간
성도의 마음

아아!
오늘도 나는 성도의 마음을 먹고 산다.
오늘도 나는 성도의 사랑을 먹고 산다.
섬기면서 살아야할 내가 섬김을 받고 산다.
주님이 받으셔야할 것을 내가 받고 산다.

하나님의 섭리

사람이 너무 착하면
하나님이 빨리 데려 가신단다
우리교회 안 권사님
성품이 너무 착해 하나님이 데려 가셨나
착하지 못한 나는
아직도 여기 이렇게 살아 숨쉬고 있다

사람이 너무 성실하면
하나님이 빨리 데려 가신단다
우리교회 지하실 방수공사 해주신 김 집사님
생활이 너무 성실해 하나님이 데려 가셨나
성실하지 못한 나는
아직도 여기 이렇게 살아 빈둥거리고 있다

사람이 너무 충성스러우면
하나님이 빨리 데려 가신단다
교회와 성도밖에 모르시던 이웃교회 임 목사님
목회를 너무 잘해 하나님이 데려 가셨나

충성스럽지 못한 나는
아직도 여기 이렇게 살아 세월만 보내고 있다

익은 열매를 거두시며
알곡들을 창고에 들이시는 하나님
빈 쭉정이 같은 나는 살려놓으시고
쓸만하고 아까운 사람들만 데려가시니
지금 이렇게 살아있음이 부끄럽고
아직도 이렇게 기회주심이 감사할 따름이다

여름 성경학교

초등학교 오 학년
여름방학 때였습니다
일찌감치 저녁을 먹고
어둑어둑해지는 신작로를 따라서
철길 너머 이웃 마을에 있는
예배당으로 갔었습니다
이미 그곳엔
조무래기들의 악쓰는 노래 소리로
예배당 양철 지붕이 들썩들썩 했었습니다
희미한 남포 등불 아래서
반짝이는 눈망울로
선생님들의 손짓 몸짓을 따라했었습니다

그날 밤 우리는 목이 터져라
"복남이네 어린아이
감기 걸렸네"를 불렀습니다
"보리밥 먹는 사람
방귀 잘 뀐다"도 불렀습니다

남 반 여 반을 갈라 소리가
더 큰 쪽에 높은 점수를 준다기에
고래고래 고함을 치다가
목이 쉰 녀석들도 있었습니다
창밖에는 초등학교를 졸업한 떠꺼머리 형들이
휘파람을 불어가며 힐끗힐끗
또래의 여 선생님들을 훔쳐보았습니다

그러다 시간이 되어 우리는
장난치듯 눈감고 기도하고
선생님의 설교를 들었습니다
목소리가 우렁차고
감정이 풍부한 선생님의 설교는
장난꾸러기 아이들의 마음을
모두 사로잡았습니다
예수님을 위하여 공산당 앞에서도
끝까지 믿음을 버리지 않고 죽음을 택한
영식이의 순교 이야기는

어린 우리들을 모두 울려놓았습니다
싸움 잘하는 윤구도 울고
때쟁이 원덕이도 울었습니다
남반도 울고 여반도 울었습니다

그날 밤
흐르는 눈물을 닦으며
알 수 없는 감격에 사로잡혀
별 반짝이는 밤길을 걸어오던 어린 소년은
훗날 목사가 되었습니다
그 여름밤에 참석했던 성경학교는
시골 철없는 한 소년의
삶의 방향을 정해 주었습니다

하나님은 그렇게 나를 인도해 주셨습니다

임직 받는 날

죄악으로 얼룩진 내 모습
패역과 방종으로 점철된 인생 길
세상에서도 쓸모 없던 나
그럼에도 불구하고
주님이 나를 불러주시던 그날
나는 교만한 목을 꺾고
외로운 승냥이처럼
주님 앞에 엎드려 밤새워 울었음은
그 십자가 보혈의 은혜 때문이었지요

삶의 방향을 바꾸어
주님 따라 나섰던 세월
그러나 언제나 넘어지고 깨어지며
부끄러운 고백으로 일삼았던 나날
그 어느 날 연약한 어깨를 들썩이며
희뿌옇게 밝아오는 새벽 내내
주님 앞에 엎드려 울었음은
그 한없으신 주님의
사랑 때문이었지요

주님의 그 부르심이
어찌 이렇게도 감사한지
주님의 그 은혜가
어찌 이렇게도 큰지
주님의 그 사랑이
어찌 이렇게도 한없는지
주님의 교회 위한 직분이
어찌 이렇게도 영광스러운지
나는 오늘 눈물로 이 자리에 섰습니다

나의 죄와 허물을
은혜로 덮어주시고
나의 연약함을
사랑으로 감싸주시고
나의 부족함을
사명으로 채워주셨기에
지금 나는
여기 이렇게 서서
눈물 흘리지요

전호리교회 40주년 기념 찬양예배

40년 전 하나님께서
가난하고 병든 영혼들 모아
한강 끝자락 외딴 섬 같은 전호리에
서울 장충교회 손길 빌어
주님의 몸된 교회 세워주셨습니다.

너무나 복음이 척박했던 전호리
지금도 산신제를 지내는 전호리
강 건너 들판 너머 구석구석 아파트 숲들로 가득한데
아직도 그린벨트 보호지역에 묶여있는 전호리
20년 전 100세대였었는데
이제는 70세대도 안되게 줄어든 전호리

개척했던 장충교회 일찌감치 손길 거두고
오고가는 교역자들조차 꿈을 포기하고 돌아섰던 전호리
이곳은 목회자들의 무덤이라고
하루 빨리 떠나야 산다시며 조언하시던 김동환 목사님

예수님 오실 때까지 도움 받아야 한다시며
연합회장단 대동하고 도움주시던 이윤재 목사님

교회 설립 40주년에 성도가 50명이 채 안되는
가난한 전호리교회
사례비 드릴 여유 없어 내빈 초청 못했습니다.
성도들 부담될까봐 그냥 지나갈까도 생각했지만
오늘은 이렇게 옛 성도들 모셔놓고
부끄러운 몸짓으로 주님께 예배합니다.
연세 많으신 남서울노회 장로중창단 모셔서
찬양으로 하나님께 영광을 돌립니다.

누구를 위한 40주년이냐고 물으시면
가난한 전호리교회도
주님을 위해 무언가 드리고 싶은 열망 때문이었다고
말씀드리고 싶습니다.

지난날 어렵고 힘들었을 때
눈물로 교회를 섬겼던 옛 성도들께 감사드립니다.
17년 전 새롭게 예배당을 건축하고
중국에 5개 처 캄보디아에 2개 처의 교회를 지을 수 있도록
정성으로 헌금해주신 숨은 헌신자들에게 감사드립니다.

1966~1986 개척 정착기였습니다.
1986~2006 건축 성장기였습니다.
2006~2026 확장 발전기가 될 것입니다.
열방을 가슴에 품은 전호리교회
작지만 큰 비젼으로 나아가려 합니다.

우리는 가난하지만
우리는 할 수 없지만
우리는 보잘 것 없지만
하나님은 오늘도 전호리의 영혼들을 사랑하시고
열방을 향한 하나님의 뜻을 이루시고자

우리를 축복의 통로로 사용하실 것입니다.

예수님 만세!
예수님 만세!
예수님 만세!

그곳에

맑은 영혼들이 있었네

땟국 흐르는 옷이며

추위를 막기엔 부족할 낡은 목도리

푸석푸석한 화장기 없는 얼굴들

그러나 순수하고 진실한

기도의 사람들이었네

이국땅
그곳에는

그곳에는

그곳에
맑은 영혼들이 있었네
땟국 흐르는 옷이며
추위를 막기엔 부족할 낡은 목도리
푸석푸석한 화장기 없는 얼굴들
그러나 순수하고 진실한
기도의 사람들이었네

그곳에
맑은 영혼들이 있었네
먹는 것이 보잘것없어도
가진 것이 많지 못해도
언제나 주님을 의지하는 해맑은 얼굴들
은혜를 빼저리게 사모하는
말씀의 사람들이었네

그곳에

맑은 영혼들이 있었네
나누는 성찬 빵과 포도주
"이것이 주님의 살과 피라면 나 어찌
냉큼 먹을 수가 있으랴!"
두 볼에 흐르는 눈물 소매 끝으로 훔치며
주님 따라 살려는
헌신의 사람들이었네

그곳에
맑은 영혼들이 있었네
억센 말투며 꾸밀 줄 모르는 행동
애교도 다정스러움도 없는 듯
내내 부끄러운 몸짓만 하더니
떠나오는 날
차창 밖에서 아쉬워 손 흔들다
뒤돌아 서서 눈물 닦던
사랑의 사람들이었네

아아!

나는 그곳에서

진정 하나님의 사람들을 만나고 왔네

(1999.11.29-12.10. 중국 치치하얼 순회전도집회를 다녀와서!)

그래서 마음이 아팠습니다

그곳에
보여야할 얼굴이 보이지 않았습니다.
왜냐고 물었더니
생활고를 이기지 못하여
다른 지도자를 찾아 떠났다고 했습니다
지금까지 신앙으로 키워주고
말씀으로 양육한 것 다 팽개치고
배은망덕한 언어들을 쏟아놓고
떠났다고 했습니다
누구보다도 은혜 받았다고 좋아하던
그이의 모습이 생각나
그래서 마음이 아팠습니다

그곳에
수척한 얼굴로 미소를 띤 얼굴이 보였습니다
왜냐고 물었더니
복음 들고 평양 들어가려다 신의주에서
무려 두 달을 억류되어 고초를 겪었다고 했습니다

지금까지 세 번이나 다녀왔지만
한번도 그런 일이 없었는데
이번에는 몸에 지닌 성경책 두 권 때문에
지난 번 일까지 조사 받고 문책 받는 과정에
살아서는 못 돌아올 거라고 생각했었답니다
주의 일 그만 두려고 마음먹었으나
받은 은혜 잊을 수 없어
그래도 다시 힘내고 왔노라는
그녀의 눈물 머금은 미소 때문에
그래서 마음이 더 아팠습니다

그곳에
정말 보여야할 얼굴이 보이지 않았습니다
왜냐고 물었더니
지난주일 아침예배를 시작하는데
들이닥친 공안원들에게 체포되어
지금 감옥에 들어가 있다고 했습니다
지역 내에 있는 삼자교회 목사가

자꾸만 부흥되는 그녀의 지하교회를 시기하여
신고하는 바람에
주일 아침예배 드리려는 시간에
그녀는 체포되었답니다
"선교사님, 저 지금 잡혀가요. 기도해 주세요!"
다급한 목소리 뚝 끊어진 전화에
선교사는 울면서 기도했지만
벌금 낼 돈이 없어 손도 못쓰고
이 추운 날씨에 여자의 몸으로 어떡하고 있을까
눈물 글썽이는 사람들
언제나 궂은 일에 앞장서서 수고하던 그녀
멋있는 찬양과 율동으로 분위기를 밝게 하던 그녀
가족들도 성도들도 뒤로하고
감옥에서 기도하고 있을 그녀의 모습에
아아! 그래서 내 마음이 너무너무 아팠습니다

-제3차 중국예수회신학교 강의를 다녀오면서-

그곳에도!

그곳에도
주님을 사랑하는 사람들이
살고 있었습니다!

긴 여행에서 돌아와 나는 꿈을 꿉니다
덜커덩 덜커덩 소리를 내며
세상 끝으로 달려가는 열차 안에서 창 밖을 봅니다
옥빛 하늘과 초록색 산야가
꿈속에서도 그렇게 천연색으로 보입니다

넓디넓은 평야를 가로질러
열차는 끝없이 달려가고 있었습니다
저 먼 곳에 있던 산들이 왔다가 사라지고
또 왔다간 사라져갔습니다
알아들을 수 없는 언어를 사용하는
해맑고 순박한 사람들이
작은 역에서 내리기도 하고 또 타기도 했습니다

끝이 없는 들판 저쪽으로 서있는 나무들이 평화로웠고
산밑에 작은 초가집들이 평화로웠습니다
한가롭게 풀을 뜯는 양떼들이 평화로웠고
지나가는 기차를 바라보는 촌부의 모습이 평화로웠습니다
파란 초원 위에 이름 모를 들꽃들이
기차를 향해 손짓함이 더욱 평화로웠습니다
때로는 홀로 가는 흰 구름 한 조각을 만나 반가웠고
때로는 손을 흔드는 어린아이들의 모습에 반가웠습니다

그렇게 찾아간 지구의 한쪽 구석에서
나는 사람들을 만났습니다
한나절을 달려와 은혜를 받겠다고 웃음 짓던 사람들
세례를 받으며 울던 사람들
떡과 포도주를 받으며
주님 사랑하기에
차마 그냥 먹을 수 없노라며 흐느끼던 사람들
말씀을 들으며 주님 위해 살겠노라고 다짐하던 사람들
아아! 그곳에도 예수님을 사랑하는

순박한 사람들이 살고 있었습니다

갈 수 없는 고국을 그리워하며
멀리서 찾아온 나에게서
고향 냄새를 맡으려던 사람들
한번으로 끝나지 말고 자주자주 또 와서
예수님 말씀 많이 들려 달라고 부탁하던 사람들
말린 고사리며 도라지 참깨 고춧가루 조금씩 싸주며
가다가 남들 주지 말고 집에까지 꼭 가져가라던 사람들
기차역에 나와서 손 흔들다 돌아서서 울던 사람들
나는 또 그들의 사랑만 받고 왔습니다
나는 또 그들의 마음만 빼앗고 왔습니다

나는 꿈을 꾸고 있습니다
너무나 예쁜 색깔의 천연색 꿈을 꾸며
떠나온 그곳의 사람들을 만납니다
우리가 이다음 만날 천국에서
함께 주님을 노래하고 이야기할 그날을 생각하며

아아!
그곳에도 사람들은 살고 있었습니다
주님을 한없이 사랑하는 사람들이 말입니다

* 2001. 6. 18-29. 제7차 중국 선교집회를 다녀와서
(치치하얼, 자가다치, 야크스, 상지 남흥)

그들을 떠나오며

비행기를 타고 구름 하늘
망망한 바다를 건너갔습니다
기차를 타고 끝도 없이
넓디넓은 평원을 달려갔습니다
그리고 또 자동차를 타고
그렇게 먼길을 찾아가서
그들을 만났습니다

비록 삶에 찌들고
생활에 지친 모습들이지만
마지막 남은 생애 주님을 만났기에
소망으로 가득 찬 모습들이었습니다
주님을 사모하는 무리들
말씀을 나누며 사랑을 나누며
그렇게 그들은 살고 있었습니다

나누는 말씀에 울고 또 웃으며
여기까지 와주심에 감사하다고

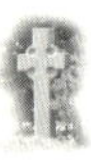

한 일도 없는 이 못난 종에게
몇 번이고 또 몇 번이고
고개를 주억이며 고마워했습니다
그리고는 정성스레 밥상을 차려와서
대접할 것 없어 죄송하다고 했습니다

나에게는 없는 진실함이
그들의 삶에는 가득했습니다
나에게는 없는 순전함이
그들의 눈길에는 가득했습니다
나에게는 없는 충성스러움이
그들의 태도에는 가득했습니다
나만 홀로 바리새인의 모습이었습니다

한쪽 폐가 없는 아내의 약값이 없음에도
주님의 교회를 지키는 처소장을 보며
깊은 산골 외진 곳에서
허리가 휘도록 농사를 지어가며

내 자식 교육 걱정보다
성도들 먼저 생각하는 처소장을 보며
아아!
나는 또 그들을 그곳에 남겨두고
이렇게 돌아왔습니다

＊ 제9차 중국선교집회(2002.6.10-21)를 다녀와서!

양림楊林 한족漢族 교회당敎會堂을 세우고
중국 흑룡강성 해림지역中國 黑龍江省 海林地域

폭우가 지나간 산자락에
구비 구비 안개가 피어오르고
키 큰 옥수수 밭
물결처럼 춤추는 들판 끝으로
죽은 듯 고요한 산골마을에
나는 무슨 이유로 그 먼 곳을
그렇게 찾아갔던가

썩어 내리는 지붕 위엔 잡풀로 가득하고
컴컴한 좁은 공간은 흙 냄새 가득한데
이곳에서 그들은 눈물로 예배를 드렸던가
농사짓는 노인들 예배당 지을 힘이 없어
하늘 우리 아버지께 새 예배당 달라고
그렇게 기도했던가

가슴 졸이며 품고 간 헌금
그들 손에 건네주며
이제는 좋은 건물에서

마음놓고 예배드리라고
격려하며 돌아서는 마음
왜 그리 눈물은 흐르는가

말이 안 통해
잡은 손 쓰다듬으며
눈빛으로 주고받는 감사의 언어들
표현할 줄 모르는 몸짓으로
손 흔들며 서 있는 순수한 영혼들을 위해
주님은 그렇게 나를 보내셨던가

아아!
작은 손 작은 힘 빌어
예배당 건축케 하시고
이방의 영혼들 사랑케 하시어
하늘 기쁨 얻게 하시려고
주님은 그렇게 우리를 감동시키셨던가

(2002.8.12-17. 제10차 중국선교를 다녀와서)

나는 눈물이 났습니다

짠지장사 하던
나이 많은 임춘녀 자매 때문에
나는 눈물이 났습니다
94년 12월 내몽고 속의 자가다치
살을 찢는 추위 속에서 만났던 네 명의 조선족
기차 시간 조금 있어 복음을 전했었는데
5년 후 만난 그녀는 신실한 믿음의 자매가 되어 있었습니다
작년 1월 맹장 수술 받고 웃으며 병원심방 받았는데
갑작스레 하나님이 불러 가셨답니다

평양에서 탈북하여
친족의 농간에 팔려온 자매 때문에
나는 눈물이 났습니다
무능력한 술주정뱅이 한족에게
매일같이 얻어맞고 살면서도
도망 갈래야 갈 곳 없는 그녀는
오늘도 차가운 처소교회 마루바닥 위에서
하나님의 은혜를 사모하며

뜨거운 눈물을 흘리고 있었습니다

시골 처소교회의 목회자 때문에
나는 눈물이 났습니다
아무 보수도 없이
성도들을 돌보며 목회하는 그를 보니
입은 옷도 너무 부실하여 가슴이 찡했습니다
가지고 간 옷 한 벌을 입혀주니
이 옷 입고 설교해야겠다고
천진스레 웃는 모습
나는 홍포 입은 부자 꼴이었습니다

나이 많은 선교사님 때문에
나는 눈물이 났습니다
성장한 교회는 젊은 후임자에게 넘겨주고
칼바람 부는 대륙의 추위 속에
이곳 저곳 처소를 돌며 복음을 전하시다
때아닌 공안원 온다는 전갈 받고

눈보라 가득한 성탄절 밤
엎어지고 넘어지며
황량한 들판으로 도망가는 그 심정을
너는 아느냐고 물었습니다

(* 2003.1.6-17. 제11차 중국선교집회를 다녀와서)

사랑하는 친구를 파송하며

그대는 어쩌다
이렇게 늦은 나이에 그곳으로 가려는가
주님의 그 사랑이 너무 귀해서
그들에게도 전하지 않으면 안되는
사랑의 빚 때문인가

그대는 어쩌다
그토록 머나먼 곳으로 가려는가
가까우면 쉬 돌아올지도 몰라
그리우면 뒤돌아 설지도 몰라
십자가 아래 인연의 고리들을 다 묻어두고
그렇게 떠나시려는가

그대는 어쩌다
가기 힘든 가시밭길을 가려는가
평안한 곳 영광받는 곳 다 버리고
주님 가라시는 검은 대륙 카메룬으로
사랑하는 아내랑 어린 딸 은진이랑 데리고

이렇게 이렇게 가시려는가

그대의 앞길에 복음의 영광있으라
그대의 앞길에 생명의 빛 비춰라
우리 다시 만나지 못할지라도
하늘나라 주님 품안에서
면류관 쓴 그대 다시 만나리

* 카메룬으로 떠나는 친구를 보며

철없던 그 시절엔
서로 얼굴만 바라보고 있어도
행복하였어라
눈빛으로 말하고
마음으로 사랑하였어라

가족

행복했던 시절

광속에 있던 콩자루
소반에 담아 이고
사십리 먼 길 걸어
설 대목 장보러 가신 어머니
석양빛 노을 안고 돌아오실 때
소반 안에 들어있던 검정 고무신 한 켤레로도
나는 행복했었다.

소나무 광솔 불 피운 풍로위에 솥뚜껑 엎어놓고
모처럼 자식들 배불리 먹일 갖가지 전 붙이시다
간 맞는지 먹어보라며 입에 넣어주시던 어머니
옆집에 갖다주라시며 심부름으로 들려준 음식접시
행여 내동댕이 쳐 깨뜨릴까봐
그렇게 종종 걸음을 걸으면서
나는 행복해 했었다.

호롱불 심지 돋우어 놓고
작은 형이 입던 헌바지 무릎 깁고

큰 형이 신던 구멍난 양말 바닥 기워
설빔이라 내게 주시던 어머니
따뜻한 아랫목 이불 속에서 모가지만 빼놓고
부엌에서 익는 구수한 시루떡 냄새만으로도
나는 행복했었다.

도시로 나간 자식들 돌아올까
시간 맞춰 기차역 건너다보시며
"올 해는 못오나 보다" 혼잣말씀 하시면서도
늦은 밤 막차 지날 때까지 기다리시던 어머니
올망졸망 선물꾸러미 들고
고향집 싸릿문 열고 들어오는 식구들만으로도
나는 행복했었다.

이집 저집 동네 어른들 찾아가 세배드리고 얻은 돈
풍선사고 폭약사서 장난하며 놀던 시절
부잣집 가서 얻은 깨강정 쌀강정 맛난 음식들
따뜻한 양지쪽 담벼락 밑에서 나누어 먹던 시절

추위에 흐르는 콧물을 소매자락으로 닦으며
재기 차고 딱지 치며 팽이 돌리던 시절
설날은 그렇게 나에게 행복했었다.

아아!
나 어릴적 꿈같이 즐거워 하며 설날을 맞이하던
그 때 그 시절은 어느덧 지나가고
이렇게 어른이 되어버린 지금의 나는
올 해도 어머니 안 계신 고향집을 그리워하며
설날 아침을 맞는다.

내 아이만은

아직 몸도 여물지 못한
갓난아이를 들여다보며
아빠 닮아 튼튼하게 생겼다는
간호사의 말에
퉁퉁 부은 얼굴로 미소짓는 앳된 엄마
내 아이만은 건강하게 자라기를 바라는
애틋한 사랑

추울 새라 더울 새라 젖을 새라 배고플 새라
덮어주며 벗겨주며 갈아주며 먹여주며
밤낮으로 가슴에 품고 살면서
아빠 닮아 공부 잘하게 생겼다는
할머니 말씀에
내 아이만은 지혜롭게 자라기를 바라는
엄마의 마음

좋은 것 골라서 입혀주고
사고 싶어하는 것 다 사주며

때 쓰는 아이에게 손 잡혀 끌려가는 엄마는
아빠 닮아 고집 세다는 소리에
그래도 내 아이만은 부모님께 순종 잘하는
착한 아들이기를 바라는
엄마의 소원

밤새워 안아 주고 얼러주며
애타했던 시간들
말한다고 웃는다고 걷는다고
기뻐했던 순간들
남들도 다 하는 일이지만 내 아이만은
특별한 일인 것처럼 자랑하는 엄마
주고 주고 다 주어 껍데기만 남아도
기도로 사랑으로 가슴에 품고 사는
끝없는 사랑

10902

초등학교에 입학하던 날
꽁지머리 팔랑이며
쫄랑쫄랑 뛰어가던 너를 보고
아빠 엄마는 안쓰러움에
눈물을 글썽이었단다

외할머니께서 사 주신
몸체보다 더 큰 가방을 메고
쫑알쫑알 언니 뒤를 따라가던 너를 보고
아빠 엄마는 언제나 염려스러움에
마음을 놓지 못했단다

한 번도 학급 반장이 되어보지 못해
무엇이든 열심히 노력해서
그토록 선생님께 인정받고 싶어하던 너를 보고
아빠 엄마는 "언젠가는 알아줄 거야!" 했지만
함께 안타까워했단다

태어날 때부터 작았던 너

언제나 맨 앞이 아니면 두 번째 섰던 너
그래도 가을 운동회 달리기 땐
야무지게 달리는 너를 보고
아빠 엄마는 함께 기뻐했단다

네가 중학생이 되던 그날
헐렁해 보이는 교복을 입고서도 그렇게 좋아하던 너
한 번도 메이커 있는 신발이며 옷 사달라고
졸라본 적이 없는 너를 보며
아빠 엄마는 오히려 미안해한단다

김포여중 10902 내 딸 사라야
겉모습보다는 속이 아름답고
예쁜 마음씨를 가진 사람이 되어다오
그리고 이 사회를 아름답게 가꾸는 사람이 되어다오
아빠 엄마는 언제나 너를 자랑스럽게 생각한단다
너는 반드시 잘할 수 있을 거야!

- 1999년 시월의 어느 날 밤 -

부부

철없던 그 시절엔
서로 얼굴만 바라보고 있어도
행복하였어라
눈빛으로 말하고
마음으로 사랑하였어라

하얀 면사포 속의 그대는
내 인생 길의 동반자
신혼의 꿈같은 삶은
세상 모두가 우리를 위한
들러리 같았어라

어린 아이 품에 안고
젬젬젬 곤지곤지
백일잔치 돌잔치
아이의 웃음소리에
우리는 정신없이 살았어라

때때로 돈 때문에
어느 때엔 자식 교육 때문에
시댁식구 처가식구 때문에
아옹다옹 침 튀겨가며
싸울 때도 있었어라

둘이 한 몸되어 걸어온 세월
시간이 흘러 뒤돌아보니
아름답게 수놓은
인생의 산수화
거기 한 폭의 그림이 되어 걸렸어라

곁에 없으면 텅빈 공간을 느끼고
함께 살므로 넉넉한 평안을 누리는
그대 나의 뼈 중의 뼈요
살 중의 살이로다
하나님이 주신 가장 큰 선물이어라

노릇하기

자식노릇 하기가
그렇게 쉽지 않습니다
부모님께 효도하며
원하시는 것 제대로 해드리기가
마음대로 잘 되지 않습니다

남편노릇 하기도
그렇게 쉽지 않습니다
아내를 사랑하며
든든한 울타리가 되어주는 일이
마음대로 잘 되지 않습니다

아비노릇 하기가
그렇게 쉽지 않습니다
자식을 교육하며
위엄을 지키며 사랑하는 일이
마음대로 잘 되지 않습니다

성도노릇 하기도
그렇게 쉽지 않습니다
영혼을 사랑하며
하나님께 충성하는 일이
마음대로 잘 되지 않습니다

그러고 보니 무엇 하나
제대로 감당하는 일이 없습니다
자식노릇도 남편노릇도 아비노릇도
그렇다고 하나님 앞에 신자노릇도
제대로 못하고 있습니다

아무 노릇도 제대로 못하는 나
이렇게 세월만 보내고 있는 나
그래도 하나님은
하염없이 참고 기다리시면서
언제고 노릇할 그때를 바라고 계십니다

가정을 위한 기도

주여!
우리 가정에 참 사랑이
꽃 피게 하여 주옵소서
부모님께 효도하고
부부간에 사랑하며
형제간에 우애 있고
이웃간에 화목한 가정이 되게 하여 주옵소서

주여!
우리 가정에 참 믿음이
풍성하게 하여 주옵소서
하나님께 충성하고
교회 앞에 헌신하며
세상에서 빛과 소금 되어
어디서나 말씀으로 살게 하소서

주여!
우리 가정에 적당하게

있어야할 것들을 허락하여 주옵소서
정직 성실 근면하게 생활하며
세상에서 봉사할 건강과
베풀 수 있는 물질과
공의롭게 살 수 있는 지혜를 주옵소서

주여!
없는 것을 탐하지 않게 하시고
분에 넘치는 일에 마음을 두게 마시며
이미 주신 하나님의 것들로
감사하며 생활하게 하여 주옵소서
웃음소리 기도소리 찬송소리 가득한
주님이 계신 가정이 되게 하여 주옵소서

회초리로 심하게 때리시던

그 여선생님은 지금 어디 계실까

선생님이 미워서

학교 가기도 싫어했었는데

사람들

선생님 생각하기

초등학교 일 학년 때
코흘리개들이 모여서
신발 따먹기 놀이를 하는 것이
그렇게도 나쁜 짓이었는지
회초리로 심하게 때리시던
그 여선생님은 지금 어디 계실까
선생님이 미워서
학교 가기도 싫어했었는데

초등학교 이 학년 때
배가 아파 울고 있던 나를 업고서
시골 논둑 길 걸어 집에까지 데려다주신
키 크고 잘생긴 그 미남 선생님은
지금 어디서 살고 계실까
대접할 것이 아무 것도 없었던 그 시절
방안에도 들어오시지 않고
휘적휘적 뒤돌아 걸어가시던
그 선생님의 뒷모습이 그립습니다

삼 학년 때 선생님은
미리 책을 읽어온 덕분에
혼자만이 답을 맞혀서 얼마나 칭찬을 해주셨는지
그 때부터 나는 공부가 좋아졌고
선생님의 기대를 저버리지 않으려고
열심히 공부했습니다
책상도 걸상도 없이
마루바닥에 엎드려 공부했던 그 시절
우리는 그래도 씩씩하게 자라났습니다

사 학년 때 담임선생님은
넷째 형님과 동창인 선생님과 결혼하셨지
그 덕에 강냉이가루를 나누어주실 때
슬쩍 한번씩 더 담아주시곤 하셨는데
그 선생님은 지금 어떻게 변하셨을까
얼굴에 여드름이 많았던 여자선생님
사정 모르는 아이들은
내가 선생님과 연애한다고 놀려댔었지

오 학년 때 우리들은 책상을 두드리며
기차소리를 냈었지
교무실 바로 옆이라 야단도 많이 맞았지만
우리는 줄기차게 책상을 두드렸지
어느 날 화가 나신 선생님은
우리 반 전부를 다 운동장에다 모아놓고
손에 물집이 생기도록 돌멩이를 두드리게 하셨지
그날 우리는 손이 아파 연필을 쥘 수도 없었습니다

육 학년 담임선생님은
학교를 졸업하시고 첫 부임지로 오셨습니다
키가 작고 체구도 조그마했지만
다방면에 실력이 있어서 금방 소문이 났지요
가난한 학생들을 불러서 밤으로 과외공부를 시켜주셨는데
문제집까지 사주셔서 나는 그냥 배웠습니다
한번도 감사하다는 말씀을 못 드렸는데
지금 선생님은 어디에 계신가요

기도꾼들

산 좋고 물 맑은 기도원에는
언제나 기도하는 사람들로 붐볐습니다.
낙엽이 떨어지는 가을이면
신앙이 허한 사람들로 더욱 시끄러웠습니다.
골짜기마다 외쳐대는 '주여!' 소리에
겨울준비 바쁜 산짐승조차도 놀랄 지경이었습니다.

그 기도원의 102호실에는
신분을 감춘 여러 종류의 기도꾼들이 있었습니다.
썰렁한 날씨 탓에 하루종일 따스한 방안에서 잡담만 하다가
저녁 식사 후에 그들은 각자 기도하러 흩어졌습니다.
계곡에는 이미 여기저기서
'주여!' 외치는 소리가 메아리 되어 들렸습니다.

사업한답시고 외국 바이어들과 술마시다 위장병을 얻은 장로는
주님의 능력으로 깨끗이 치료해 달라며
풀뿌리를 쥐어뜯었습니다.
빚 얻어 개척교회를 시작했는데 사람들이 모이지를 않아
이자를 갚지못해서 빚독촉에 시달리던 젊은 목사는

돈 많은 장로나 권사를 보내달라고 악을 썼습니다.

아내 몰래 바람을 피우다 들킨 집사는
아내와 애인 둘 중 누구를 선택해야 하느냐며
소나무가지를 마구 흔들어대면서 울부짖었습니다.
속썩이며 말썽만 피우는 장로를
주님의 심판의 칼로 처단해 주십사고
이상한 꼬부랑말로 기도하는
목소리 굵직한 대머리 목사도 있었습니다.

그리고
시냇물이 소리를 내며 떨어지는
바위틈에서
평생 예수를 믿어도
주님을 닮지 못했노라고
울고 있는
나이 많은 목사도 한 분 있었습니다.
갑자기 날씨가 변덕을 부리더니 천둥 번개가 몰아쳤습니다.
사람들은 비를 맞을 새라

모두들 혼비백산하여 숙소로 들어왔습니다.
그들은 오늘밤 주님께서 큰 음성으로
자신의 기도에 응답해 주셨다고 간증을 했습니다.
어떤 이는 오늘밤 정말 기도 줄이 잡히더라고 했습니다.

맨 꼴찌로 비에 흠뻑 젖어 들어온
나이 많은 목사가 말했습니다.
"오늘밤 주님은 나의 이 못난 모습 때문에 우셨습니다."
눈물을 뚝뚝 흘리며 말하자
102호실의 기도꾼들은
잠잠히 자기 자리로 들어가 잠을 청했습니다.

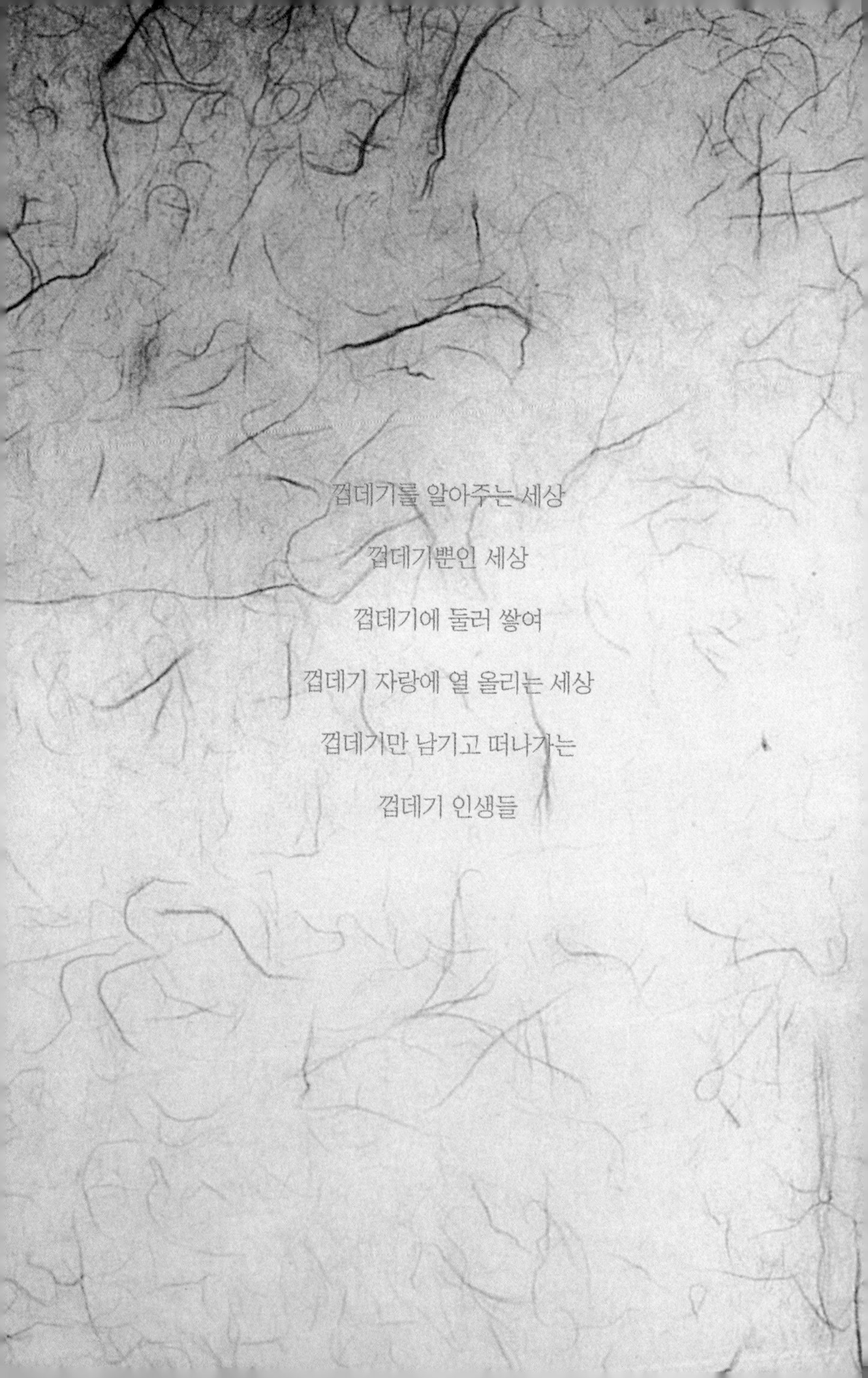

껍데기를 알아주는 세상

껍데기뿐인 세상

껍데기에 둘러 쌓여

껍데기 자랑에 열 올리는 세상

껍데기만 남기고 떠나가는

껍데기 인생들

세상

묵찌빠 이야기

묵 · 찌 · 파
묵 · 찌 · 파
묵은 바보
헤에!
배가 아파 병원 가서
이 검사 저 검사 다 받고
병원비 바가지쓴 뒤에도
하나님의 은혜 감사하다며
병원비 보다 감사헌금 더 많이 하는 성도

묵 · 찌 · 파
묵 · 찌 · 파
찌도 바보
히이!
양보하고 희생하며
아무리 열심히 해도
돌아오는 건 질책과 잔소리뿐
그래도 나할 도리 다 한다며

오늘도 늙으신 부모님 잘 모시려 애쓰는 성도

묵 · 찌 · 파
묵 · 찌 · 파
파도 바보
후우!
직장일 하랴 농사일 하랴
정신없이 바쁜 나날 속에서도
늦잠 한번 실컷 자며 푹 쉬었으면 좋으련만
주일이면 하나님을 위해 새벽부터 늦은 밤까지
하루 온종일 교회에서 충성하는 성도

묵찌파 묵찌파
오늘도 바보 인생들이 모여서
바보같은 몸짓으로
바보같이
묵찌파 묵찌파
하나님께 영광돌리며
묵찌파 묵찌파

조금만

조금만 양보하면
얼굴 붉히며 큰소리치지 않아도
웃는 얼굴로 즐겁게
살아갈 수 있으련만
나는
왜
그 조금을 양보하지 못하는가?

조금만 주위를 살펴보면
고통받는 영혼들이 기다리고 있어
마음과 마음을
주고받을 수 있으련만
나는
왜
그 조금을 살펴보지 못하는가?

조금만 귀를 기울이면
아주 작은 피조물 하나에도

하나님의 사랑과 은총을 찬양하는 소리를
들을 수 있으련만
나는
왜
그 조금을 귀 기울이지 못하는가?

조금만 정성을 쏟으면
천국에 예비된 은혜와
신앙의 선조들이 누린 복을
충만히 받을 수 있으련만
나는
왜
그 작은 정성도 쏟지 못하는가?

작은 것에서 비롯되는
그 '조금만'을 잃어버리고
크고 화려한 것만을 찾아가는
어리석은 나의 인생이여!

껍데기 세상

옷이 날개라지요
허름한 옷차림
볼 폼 없는 몸매
아래위로 훑어보고는
별 볼 일 없다는 표정입니다

차가 인물이라지요
찌그러진 승합차
오래된 소형차는
주차장에서도 찬밥신세
별 거지같다는 표정입니다

학벌이 인격이라지요
일반대학 박사학위 소지자는
장로들이 찾는 우선 순위 목회자
외국 가서 돈만 주고 얻어오면
인격도 빛난다 지요

권세가 성공의 지름길이라지요
이곳 저곳에 붙어서 아부하다
빈자리 꿰차고 나서면
젊음을 다 바쳐 개척하느니
성공적인 목회라 한다지요

돈이 덕망이라지요
이 사람 저 사람 불러다가
식사대접 목욕까지 시켜주면
존경스런 눈빛으로 주억거리지만
돈 없는 목사는 덕망도 없다지요

껍데기를 알아주는 세상
껍데기뿐인 세상
껍데기에 둘러 쌓여
껍데기 자랑에 열 올리는 세상
껍데기만 남기고 떠나가는
껍데기 인생들

세월

삶의 언저리에 남아있는 소꿉장난감
밝은 달빛 한 마리 망아지 되어
들판을 쏘다니던 유년시절이
추억 속에 널려 있는데
그렇게
훌쩍 떠나시면
난 어쩌란 말입니까

가슴속 한구석에 남아있는
못 다한 사랑 이야기
생각만 하다가 이루지 못한 청년의 꿈
아직 마음은 청춘인데
그렇게
훌쩍 떠나시면
난 어쩌란 말입니까

한 올 한 올 찾아오는
흰 머리카락을 빗으로 넘기며

이제는 의미 있게 살아야지
마음먹고 있는데
그렇게
훌쩍 떠나시면
난 어쩌란 말입니까

아직 벌려놓은 일감들이 잔뜩 있는데
아직 정리 못한 삶들이 너무 많은데
가시면 간다고
말씀이라도 하실 일이지
그렇게
훌쩍 떠나시면
난 어쩌란 말입니까

아아!
한번쯤 뒤돌아보지도 않으시고
차가운 12월의 골목길 돌아서서
휘적휘적 옷자락 바람에 날리며

그렇게
훌쩍 가버리시면
진정 난 어쩌란 말입니까

황학동에서

이글거리며 피어오르는
아스팔트 열기를 온몸에 받으며
그는 인생의 무거운 짐을
힘겹게 끌었다
손수레에 실린 물건이래야
몇푼 되지않을 버려진 포장박스들
지친 눈빛 휘청거리는 걸음으로
도회의 언덕을 혼자 오르는 저 모습은
오늘 이 시대를 힘겹게 살아가는
우리 모두의 모습

때묻은 챙모자 하나로
성난 여름 햇살을 가리며
그녀는 인생의 좌판을 벌려놓고
사람을 기다렸다
파는 것인지 버린 것인지도 모를
잡다한 물건들은 먼지속에 널려있고
오가는 군중들을 시름없이 바라보는

삶에 지친 그녀의 초점잃은 눈빛은
꿈을 잃은 오늘 이 시대
우리 모두의 모습

할 일 없이 뒷짐지고 구경하는 사람들
"골라! 골라!" 소리치는 사람들
얼마라도 싸게 사려고 흥정하는 사람들
밀리는 인파사이로 짐을 나르는 사람들
먼지와 매연을 섞어 밥을 먹는 사람들
그 속을 빠져나와 육교위에 섰다
모두가 얽히고 설킨채로
바쁘게 사는 사람들
거기에 내 모습이 있다
거기에 내 인생이 지나가고 있다

세월이 가네

세월이 가네
멈출 수 없는 발걸음으로
휘적휘적 바람에 옷깃을 날리며
아쉬워하는 사람들 뒤로하고
그렇게 세월이 가네
아직도 해야할 일들이 남았는데
아직도 못다한 일들이 많은데

세월이 가네
붙잡을 수 없는 발걸음으로
허허 백발 바람결에 휘날리며
수많은 사람들 가슴에 상처를 남기고
그렇게 세월이 가네
아직도 풀지 못한 사연들이 남았는데
아직도 사랑해야할 사람들이 많이 있는데

세월이 가네
다시는 만나보지 못할 발걸음으로

인생의 숱한 꿈들을 접으며
저 미지의 세계를 향해
그렇게 세월이 가네
아직도 펼치지 못한 꿈들이 있는데
아직도 가보지 못한 세상이 많이 있는데

세월이 가네
아무도 막을 수 없는 발걸음으로
흰 연기를 뿜으며 세월의 열차가 달려가네
삼등 객차 속에서
갖가지 희로애락을 맛보며
그렇게 사람들이 달려가네
다가오는 세월에 행복을 꿈꾸며
다가오는 세월에 인생을 맡기며

세상 살아가는 사람들

세상 살아가는 사람들
직업도 가지가지 갖가지
병아리 감별사
향수 감취사(?)
술 감음사(?)
껌 감맛사(?)
그 직업을 소개해 주는 직업

세상 살아가는 사람들
먹고 사는 방법도 가지가지 갖가지
말로 먹고 사는 사람
힘으로 먹고 사는 사람
지식으로 먹고 사는 사람
기술로 먹고 사는 사람
먹고 사는 방법을 가르치며 먹고 사는 사람

세상 살아가는 사람들
미치는 것도 가지가지 갖가지

돈에 미친 사람
권세에 미친 사람
명예 영광 인기에 미친 사람
온갖 주색잡기에 미친 사람
그 미친 사람 때문에 미치는 사람

세상 살아가는 사람들
죽는 것도 가지가지 갖가지
먹다가 죽는 사람
놀다가 죽는 사람
잠자다 죽는 사람
구경가다 죽는 사람
그 죽은 사람 살리려다 죽는 사람

오늘
나는
어떤
모습으로

이
세상을
살아가고 있는가?

게으른 인생

봄이면 봄이라고 게으름을 피웠지
노곤한 춘곤증을 핑계로
먼 산 아지랑이 바라보며
하루종일 툇마루에 드러누워
그렇게 숱한 세월을 보냈지

여름이면 여름이라고 쉬었지
덥다는 핑계로
시원한 물가를 찾아다니며
죄 없는 수박만 쪼개면서
그렇게 숱한 시간을 죽였지

가을이며 가을이라고 설레었지
떨어지는 단풍을 핑계로
거둘 것도 없는 인생농사
텅 빈 가슴 외로워하며
그렇게 한없이 쏘다녔지

겨울이면 겨울이라고 움츠렸지
춥다는 핑계로
두꺼운 파카잠바를 둘러쓰고
애꿎은 추월이(?)를 탓하며
그렇게 길고 긴 동면에 취했었지

잠자는데 절반의 인생을 다 보내고
하루 세 끼 밥 먹는데 삼분지 일을 보내고
신문보고 화장실 가고
전화로 친구들과 노닥거리고
그리곤 바보상자 앞에서 히죽거렸었지

세월은 급행열차처럼
잡을 수도 없이 너무 빨리 지나가는데
벌써 귀밑머리 하얗게 샌
게으른 인생아
너는 아직도 무얼 그리 꾸물거리고 있나

고 백

그 때 나는
나사렛 예수님이 너무 좋아서
눈물로 설교를 했다.
어느 순간 나는
성공적인 목회를 위해서
세련된 설교를 하고 있었다.

그 때 나는
영혼이 너무 귀하고 소중해서
눈물로 심방을 했다.
어느 순간 나는
교인을 놓치지 않으려고
미소 띤 얼굴로 아부하며 심방을 하고 있었다.

그 때 나는
하나님의 영광을 위해서
눈물로 성전을 건축했었다.
어느 순간 나는

육신의 안일 속에 만족해하며
화려한 건물만 지키고 있었다.

아아!
그 때 내게는
주님의 마음이 있었다.
그러나 어느 순간 나에게 남은 것은
목회적 욕망으로 가득한
예루살렘 성전의 속물적인 대제사장이 되어 있었다.

나 이제 다시 돌아가리.
눈물이 있던 그 때
주님의 마음이 있던 그 때
한 영혼을 소중히 여겼던 그 때
골고다 언덕을 향하여 주님과 함께 가고자 했던 그 때
나 이제 다시 시작하리.

지금 바꾸십시오

욕심의 안경을 끼면
눈에 욕심밖에 안보입니다.
감사의 안경을 끼면
눈에 감사꺼리만 보입니다.

불평의 틀니를 끼면
입에 불평밖에 안나옵니다.
감사의 틀니를 끼면 입에
감사의 말만 나옵니다.

험담의 보청기를 끼면
귀에 남의 험담만 들립니다.
사랑의 보청기를 끼면
귀에 사랑의 소리만 들립니다.

의심의 심장을 달고 다니면
세상에 믿을 사람 하나도 없습니다.
믿음의 심장을 달고 다니면
세상엔 아직도 괜찮은 사람이 훨씬 더 많습니다.

이기의 의수를 끼고 인색의 의족을 단다면
세상은 당신 때문에 재미없어질 것입니다.
베품의 의수를 끼고 희생의 의족을 단다면
이 세상은 당신으로 인해 훨씬 더 아름다워질 것입니다.

음식을 먹는 육신은 가만히 있어도
배설물을 만들어 냅니다.
변화받지 못한 인간의 마음은
가만히 있어도 죄를 만들어 냅니다.

지금 당신의 모든 것들을
예수님의 것으로 바꾸어 갈아 끼울 수만 있다면
당신의 인생은 지금보다
훨씬 더 아름답고 존귀해질 것입니다.

지금 당신의 옛사람을
십자가 앞에서 다 벗어버린다면
당신의 남은 인생은 너무 너무 행복할 것입니다.

어떤 감사

숨 한번 마음껏 쉬고 싶어도
기계의 힘을 빌리지 않으면 안되는
중환자실의 꿈틀거리는 환자도 있는데
지금 나는 얼마나 자유롭게 숨을 쉬고 있는지
호흡기만 떼어내면 숨을 거둘 환자가 얼마나 많은데
아, 나는 오늘도 이렇게
숨을 쉴 수 있음이 감사하구나

맛있는 음식 한번 마음껏 먹고 싶어도
코에 꽂힌 호스로 흘려 보내는
묽은 유동식이 아니면 안되는 환자도 있는데
지금 나는 얼마나 자유롭게 음식을 먹고 있는지
먹을 것이 있어도
먹을 수 없는 사람들이 얼마나 많은데
아, 나는 오늘도 이렇게 먹고 싶은 것
먹을 수 있음이 감사하구나

아름다운 산천초목들 마음껏 구경하고 싶어도

잃어버린 시력 때문에 더듬어 찾아갈 수도
바라볼 수도 없는 환자도 있는데
지금 나는 얼마나 이 풍경들을
눈으로 보며 즐기고 있는지
철 따라 변하는 계절의 아름다움을
보지 못하는 사람들이 얼마나 많은데
아, 나는 오늘도 이렇게 마음껏 가을의 풍요로움을
눈으로 볼 수 있음이 감사하구나

몸에 걸친 옷이야 좀 낡았으면 어때
두 팔 두 다리 건강하여
마음껏 활동할 수 있음이 감사하지
머리에 든 지식이 좀 모자라면 어때
생각과 사고가 반듯하여
인간답게 바로 사는 것이 중요하지
호주머니에 가진 것이 좀 없으면 어때
이렇게 작은 것에 행복해 하며 감사하며 사는 거지

아!
그러고 보니 나는 참 행복한 사람
매일 매일 살아감이 즐겁고 감사하구나
이 모두가 하나님의 은혜요
진정 축복이어라

첼로

그냥 두면 빈 통인 나를
당신이 품에 안고 눈물로 닦아
네 가닥의 현 위에 흘리시는 사랑은
오래 전 세월 속에 잃어버린
어머니의 목소리를 듣게 합니다

묵직한 중음으로
일상에 쫓기는 사람들의 발걸음을 멈추게 하고
더 묵직한 저음으로
정신없는 현대인들의 삶을 돌아보게 합니다
그리고 깊이를 알 수 없는 심오한 소리로
나는 지친 영혼들을 얼싸안습니다

때때로 당신이
격정 속에 휘몰아 나를 연주하시면
도회의 검은 밤하늘 공간에다
감추어 두었던 삶의 응어리를
울컥울컥 토해냅니다

그리고 나는
참았던 눈물을 주르르 흘립니다

들어주던 청중이 자리에서 일어나고
손뼉치던 무리들이 썰물처럼 떠나간 뒤
아무도 없는 무대에서
당신은 나를 바라봅니다
심혈을 기울이며 연주하시던
땀에 젖은 당신의 모습을 내가 바라봅니다

이 세상 어디에선가
내 생명이 다하는 그날까지
당신이 품에 안으시고
오묘한 섭리의 활로 나를 연주하시면
내 인생 공허한 삶이
아름다운 선율을 발하겠습니다
그리고 나는
언제나 당신의 품안에서 행복하겠습니다

컴퓨터 앞에서

주보를 만들기 위해서
전동타자기를 샀습니다
그때는 석달치 사례금을 모아도 모자랄
비싼 돈이었습니다

타자기를 사고 일년뒤에
워드프로세서가 나왔습니다
꿈도 못꿀 비싼 값이어서
전동타자기로 만족했습니다

워드프로세서가 더 개발되어
화면이 제법 큰 것으로 바뀌어도
나는 여전히 타자기를 사용했습니다
친구들이 활용하는 것을 보며 부러워만 했지요

워드프로세서가 사라지고
신기한 컴퓨터가 나왔습니다
186, 286, 386이 나왔을 때

사랑하는 친구가 자신의 워드를 내게 주었습니다

친구들이 컴퓨터로 주보를 만들 때
나는 워드를 익히느라 정신이 없었습니다
그래도 좋은 물건을 주었기에
교회에서 사용하기에는 부족함이 없었습니다

권사님이 취임기념으로 헌금한 컴퓨터 대금으로
성도들이 앉을 편한 의자를 들여 왔습니다
그러다보니 컴퓨터를 구입할 기회가 없어졌지요
그때 고장난 286 컴퓨터를 처남이 주었습니다

누님댁에서 조카가 쓰던
386 컴퓨터를 가져왔습니다
그것도 역시 고장난 것이었습니다
많은 돈을 들여서 486으로 고쳤는데
지금은 686 펜티엄이 벌써 나왔습니다

따라가고 또 따라가도
세상은 끝도 없이 앞서 갑니다
나는 아직 다 익히지도 못했는데 말입니다
옛날 남포불 아래서 등사기에 기름묻혀가며
주보를 만들던 그 때가 그립습니다

하루를 살면서

사랑하는 이여
아무도 일어나지 않은 새벽
저 들판 가득 기지개를 켜는 곡식들
강줄기 따라 피어오르는 안개를 보며
새 생명의 하루를 허락하신 창조주 하나님께
눈물어린 감사의 기도를 드려본 적이 있습니까

사랑하는 이여
찬란한 태양이 솟아오르는 아침
지저귀는 이름 모를 새소리
식구들을 깨우는 아내의 목소리를 들으며
가족들과 마주 앉아 식탁을 대할 수 있음에
행복어린 감사의 기도를 드려본 적이 있습니까

사랑하는 이여
짐짝처럼 밀리는 출근길
땀 냄새나는 공간에서 사람들과의 부딪힘
시간을 다투는 차량들의 질주 속에서

오늘도 건강하게 일할 수 있음에
진정어린 감사의 기도를 드려본 적이 있습니까

사랑하는 이여
처절한 생존경쟁의 틈바구니
어디론가 휩쓸려 가듯 걸어가는 군중들
알지 못하는 수많은 사람들 속에서
외롭지 않게 가슴 터놓고
사랑하며 얘기할 수 있는 친구들이 있음에
기쁨어린 감사 기도를 드려본 적이 있습니까

사랑하는 이여
석양빛 붉게 물들인 서쪽 하늘
온 누리에 퍼지는 어둠의 나래 속을 가로질러
포근한 가족의 품으로 돌아가는 귀가 길
오늘 하루도 하나님의 풍성한 은혜로 인하여
감격어린 감사의 기도를 드려 본 적이 있습니까